ESCUELA DE COCINA ITALIANA

PIZZA

LA COCINA DE LA CUCHARA DE PLATA

7 EL SABOR DE ITALIA

8 PREPARACIONES SALADAS

11 INGREDIENTES

12 UTENSILIOS

15 TÉCNICA: MASA BÁSICA DE PAN

16 PIZZA

54 CALZONE

64 FOCACCIA

102 TARTAS SALADAS

160 STRUDELS

174 ÍNDICE

EL SABOR DE ITALIA

Desde sus humildes orígenes en un asentamiento griego en torno al año 600 A. C. hasta su omnipresencia en el panorama culinario actual, probablemente la pizza sea la exportación gastronómica más popular de Italia. ¿Por qué? Porque se presta a ingredientes honestos y sencillos. Porque es un alimento económico que se puede consumir enseguida. Porque gusta a personas de todas las edades.

Con *Escuela de cocina italiana. Pizza* aprenderá las nociones básicas para preparar masas de pizza y pan con las que elaborar excelentes pizzas, calzones, focaccias y tartas saladas. Cada capítulo empieza con una receta básica que le permitirá familiarizarse con cada especialidad. Así, por ejemplo, en el capítulo de la pizza aprenderá a preparar la masa básica y a desarrollar su técnica y paladar a medida que vaya haciendo las recetas. Con el tiempo dominará todas las técnicas.

Desde la clásica Pizza Margarita (véase pág. 21) y el Calzone relleno (pág. 57) hasta la Focaccia al romero (véase pág. 68) y la Tarta de verduras con jamón (véase pág. 150), las recetas de este libro son un homenaje a los sabores italianos más auténticos. Si desea controlar su dieta y optar por opciones más saludables, sustituya los ingredientes por versiones bajas en grasa o en sal. Disfrute de esta aventura culinaria y lleve un poco del sabor de Italia a su cocina. *Buon appetito*!

PREPARACIONES SALADAS

PIZZAS

Los ingredientes básicos de la masa de pizza son harina, agua, sal y levadura desleída en agua templada. Con estos ingredientes se forma una bola de masa que se debe dejar reposar y subir (leudar) en un lugar cálido unas 3 horas. Después, se cubre con los ingredientes indicados en la receta para hacer una pizza —desde una Pizza blanca (véase pág. 22) hasta una Pizza de salchica (véase pág. 37)— o se extiende con un rodillo y se rocía con una mezcla de aceite y agua a partes iguales y sal para hacer una focaccia.

CALZONES

Un calzone es una masa rellena de ingredientes salados en forma de pizza doblada que se parece a una medialuna. En Italia, el calzone se toma como comida o aperitivo, de pie o sobre la marcha, y se suele servir en pequeños restaurantes y puestos de comida callejeros.

FOCACCIAS

Sabemos que los antiguos egipcios, griegos y romanos tenían la costumbre de cocer la focaccia en una hoguera (de hecho, el término «focaccia» viene del latín *focus*, que significa «fuego»). Como la pizza, la focaccia es una base de pan cubierta de hierbas y otros ingredientes frescos, pero las semejanzas terminan aquí. Por tradición, la masa de la focaccia contiene más levadura, por lo que es más gruesa; su forma varía, y se puede servir como acompañamiento en las comidas o como pizza o pan de bocadillo.

TARTAS SALADAS

Las primeras tartas saladas se remontan al año 1000 A. C. Estas tartas se rellenaban con carne condimentada y se cocían directamente sobre las llamas. Posteriormente se hicieron más grandes. Se forraba una cazuela con masa básica de pan, se rellenaba de carne y se cubría con otra capa de masa.

La pastaflora es la base más sencilla. Solo se necesitan harina, mantequilla y huevos. Los ingredientes se mezclan rápidamente con los dedos hasta obtener una textura fina, se envuelve con film transparente y se deja reposar de 30 minutos a 1 hora en el frigorífico. La base de las tartas saladas se puede hornear en blanco unos 20 minutos a 180 °C antes de añadir el relleno. Para que la masa no suba durante la cocción, pínchela varias veces con un tenedor, cúbrala con papel vegetal y coloque encima unas bolitas de cerámica, que tendrá que retirar al terminar la precocción. Para que la masa no se seque ni se cuartee, coloque un recipiente refractario con agua en el compartimento inferior del horno.

STRUDEL

El strudel, tanto dulce como salado, es típico de las regiones del norte de Italia como Trentino-Alto Adigio, en la frontera con Austria. Se suele servir en invierno.

INGREDIENTES

HARINA

Las mejores pizzas empiezan por una masa de calidad elaborada con una harina que le imparta sabor y textura. El gluten, una forma de proteína, crea una textura elástica cuando se humedece y aporta el punto correoso y dúctil propio del pan, y que también debe tener la base de pizza. Aunque el libro recomienda el uso de las harinas italianas tradicionales, la harina blanca de trigo es una apuesta segura para la base de pizza, tanto gruesa como fina. La harina para pan o de fuerza es otra opción válida para las pizzas caseras. Con ella la masa se desgarra menos que con la harina corriente, pero resulta más difícil darle forma porque contiene mucho gluten. La Pizza napolitana (véase pág. 19) se hace con harina de tipo «00», una harina italiana que proporciona una corteza fina que se hincha por el borde.

AGUA

Los minerales que contiene el agua (magnesio y calcio principalmente) ayudan a reforzar la estructura del gluten, por lo que la masa queda más elástica y correosa. Aunque las aguas duras, con mayor cantidad de minerales, crean una corteza más crujiente, el agua embotellada está perfectamente indicada para la masa de pizza.

LEVADURA

¿Por qué sube la masa de pizza o de pan? Porque mientras reposa, la levadura libera dióxido de carbono, igual que el agua con gas o los refrescos. La levadura está formada por hongos microscópicos de la familia de los sacaromicetos. Estos microorganismos «buenos» transforman los azúcares de la harina en alcohol, que luego se evapora, y dióxido de carbono, que hace subir la masa.

SAL

La función de la sal consiste en aportar sabor a la base y crear una masa más resistente y menos pegajosa (las masas con poca sal, por el contrario, tienden a romperse o pegarse con facilidad). Además, la sal ralentiza la actividad de la levadura durante el proceso de fermentación de la masa.

UTENSILIOS

PAPEL VEGETAL

El papel vegetal permite reducir la cantidad de grasa empleada durante la cocción, puesto que evita la necesidad de engrasar y enharinar la bandeja o el molde. Se trata de un papel con base de celulosa tratado para soportar altas temperaturas y provisto de un revestimiento antiadherente. Resiste temperaturas de hasta 220 °C o superiores (véase el envase) y se puede reutilizar. Para que se adhiera mejor, se puede humedecer, estrujar para escurrirlo y colocarlo. El papel que sobresalga se puede recortar con unas tijeras.

BANDEJAS DE HORNO O MOLDES

Las bandejas de horno y los moldes refractarios son bajos y están hechos de aluminio, silicona flexible u otros materiales antiadherentes. Pueden ser redondos, rectangulares o cuadrados, en función de lo que vaya a preparar (o de su imaginación). Los recipientes desmontables son muy prácticos, puesto que el borde se quita y la tarta se puede desmoldar con facilidad. En general son redondos, con un diámetro de 20 a 24 cm. Los moldes de cerámica también son muy útiles, porque se pueden llevar directamente a la mesa. Los moldes de silicona resisten temperaturas de -40 °C a 230 °C, por lo que pueden ir directamente del congelador al horno.

MOLDES INDIVIDUALES

Hechos de aluminio u otros materiales antiadherentes, los moldes individuales son perfectos para las miniquiches. Pueden ser redondos (de 10 a 15 cm de diámetro) u ovalados, con las paredes lisas o acanaladas. Para cortar la masa del tamaño del molde, basta con presionarla en el molde y recortarla por el borde, dejando que sobresalga un poco.

ESPÁTULAS

En general, las espátulas son de silicona y se utilizan para mezclar, extender y alisar el relleno sobre la masa.

CORTADOR DE PIZZA

Los cortadores de pizza de acero inoxidable están diseñados para cortar pizzas y tartas saladas. También existen tijeras especiales y juegos de espátulas para cortar y servir las porciones de pizza.

CUCHILLOS DE MANGO LARGO

Los cuchillos de mango largo, tradicionales o de cerámica, no se deben utilizar nunca directamente sobre la bandeja de horno o el molde.

PASO 1

PASO 2

PASO 3

PASO 4

PASTA DA PANE

MASA BÁSICA DE PAN

FÁCIL

- Preparación: *20 minutos + 2½ horas para reposar*
- Cocción: *30 minutos*
- Calorías por porción: *312*
- *Para 500 g*

INGREDIENTES

- 10 g de levadura fresca o ½ cdta. de levadura seca activa
- 500 g de harina de tipo «0» o de fuerza
- 1 cdta. de azúcar
- 2 cdas. de aceite de oliva virgen extra
- sal

PASO 1

Esta masa, práctica y versátil, resulta perfecta para la mayoría de las recetas de este libro. Desmenuce la levadura en un bol, añada 40 g de harina, el azúcar y 4 cucharadas de agua. Remueva para mezclar bien los ingredientes, cubra el bol con un paño de cocina limpio y deje espumar la levadura 20 minutos.

PASO 2

Tamice la harina restante sobre una superficie de trabajo limpia, forme un volcán, vierta la levadura preparada y el aceite en su interior, y esparza una cucharadita de sal por los bordes. Añada 175 ml de agua templada. Mezcle los ingredientes con las manos y trabájelos 10 minutos como mínimo, juntando los dedos como si fueran una espátula y presionando y estirando la masa con el pulgar. Deje caer la masa contra la superficie de vez en cuando para activar el gluten.

PASO 3

Forme una bola con la masa, póngala en un bol grande untado con un poco de aceite, márquela con una cruz y cúbrala con un paño de cocina limpio. Déjela leudar en un lugar cálido 2 horas como mínimo.

PASO 4

Utilice la masa conforme a las instrucciones de la receta o para hacer pan. Precaliente el horno a 200 °C y engrase ligeramente 2 moldes rectangulares de 1 litro de capacidad. Presione la masa con los nudillos, sin amasarla, y pártala por la mitad. Coloque una porción en cada molde. Cúbrala y déjela leudar otros 45 minutos. Marque los panes con un cuchillo afilado y hornéelos unos 30 minutos. Déjelos reposar 10 minutos, y déjelos enfriar por completo antes de cortarlos.

PIZZA

19 PIZZA NAPOLITANA

21 PIZZA MARGARITA

22 PIZZA BLANCA

25 PIZZA DE TOMATE

26 MINIPIZZAS FRITAS

29 PIZZA SICILIANA

30 PIZZA DE PATATA

33 PIZZA CUATRO QUESOS

34 PIZZA GENOVESA

37 PIZZA DE SALCHICHA

38 PIZZA DE JAMÓN Y MOZZARELLA

41 PIZZA CUATRO ESTACIONES

42 PIZZA RELLENA DE BACALAO

45 PIZZA MARINERA

46 PIZZA DE BOLETOS Y FLORES DE CALABACÍN RELLENAS

49 PIZZA RELLENA DE VERDURAS

50 PIZZA RELLENA DE ESCAROLA

53 PIZZA RELLENA DE JAMÓN Y HUEVO

PASO 1

PASO 2

PASO 3

PASO 4

PIZZA NAPOLETANA

PIZZA NAPOLITANA

DIFICULTAD MEDIA

- Preparación: *30 minutos + 3 horas para reposar*
- Cocción: *20 minutos*
- Calorías por ración: *704*
- *Para 4 personas*

PARA LA MASA DE PIZZA

- 1 cdta. de levadura seca activa
- 1 cdta. rasa de azúcar
- 350 g de harina de tipo «0»
- 150 g de harina de tipo «00»
- 1¼ cdtas. de sal

PARA LA COBERTURA

- 200 g de mozzarella de leche de vaca escurrida
- 6-7 cdas. de passata de tomate (tomate triturado colado)
- aceite de oliva de virgen extra, para rociar
- unas hojas de albahaca, para servir

PASO 1

Disuelva la levadura en un bol con 150 ml de agua templada y añada el azúcar. Tamice la harina en un bol grande o una superficie de trabajo limpia y forme un volcán con un hueco en el centro. Haga una surco alrededor del borde y esparza la sal por encima. Vierta la levadura preparada, 2 cucharadas del aceite y 150 ml de agua templada en su interior.

PASO 2

Mezcle los ingredientes hasta ligar la masa y trabájela hasta que quede fina. Dele forma de bola, póngala en un bol untado con un poco de aceite, cúbrala con film transparente y déjela leudar en un lugar cálido 2 horas. Presione ligeramente la masa con los nudillos.

PASO 3

Cubra la masa con un paño de cocina un poco húmedo y déjela leudar 1 hora. Aplane la masa sobre un trozo grande de papel vegetal en un círculo con los bordes ligeramente levantados. La masa está lista para usar.

PASO 4

Precaliente el horno a 220 °C. Trocee la mozzarella. Extienda la salsa de tomate por encima de la base de pizza, rocíela con aceite y añada la mozzarella. Hornee las pizzas de 15 a 20 minutos. Adórnela con unas hojas de albahaca partidas en trocitos y sírvala.

PIZZA MARGHERITA

PIZZA MARGARITA

FÁCIL

- Preparación: *20 minutos*
- Cocción: *20 minutos*
- Calorías por ración: *540*
- *Para 4 personas*

INGREDIENTES

- 1 ración de masa básica de pan (véase pág. 15)
- 1 kg de tomates maduros
- 250-300 g de mozzarella
- aceite de oliva, para rociar
- unas hojas de albahaca
- sal

Precaliente el horno a 220 °C y engrase 1 bandeja de horno grande o 2 pequeñas.

Ponga una cazuela con agua a fuego vivo y llévela a ebullición. Añada los tomates y escáldelos 10 segundos. Páselos a un bol de agua con hielo, pélelos, despepítelos y córtelos en trocitos. Déjelos escurrir en un colador. Corte la mozzarella en lonchas finas y resérvela.

Extienda la masa sobre una superficie de trabajo ligeramente enharinada hasta obtener 1 o 2 círculos finos y páselos a la bandeja preparada. Reparta el tomate por encima, dejando libre un margen de 2,5 cm. Sale con moderación y rocíe con aceite. Hornee la pizza de 15 a 20 minutos.

Retire la pizza del horno, disponga una capa de mozzarella y unas hojitas de albahaca por encima y hornee otros 10 minutos más, hasta que el borde sin tomate se dore.

Consejo: Si no es temporada de tomates, sustitúyalos por 4 cucharadas de pasta de tomate (tomate triturado colado). Si la salsa de tomate quedara demasiado líquida, redúzcala en una sartén a fuego vivo hasta que espese. Déjela enfriar antes de utilizarla.

PIZZA BIANCA

PIZZA BLANCA

FÁCIL

- Preparación: *15 minutos*
- Cocción: *20 minutos*
- Calorías por ración: *529*
- *Para 4 personas*

INGREDIENTES

- ¾ de ración de masa básica de pan (véase pág. 15)
- 150 g de mozzarella en lonchas finas
- 150 g de queso taleggio en lonchas finas
- unas hojas de orégano fresco picadas, o 1 pizca generosa de orégano seco
- aceite de oliva, para rociar
- sal y pimienta

Precaliente el horno a 220 °C y forre una bandeja de horno con papel vegetal.

Extienda la masa sobre una superficie de trabajo ligeramente enharinada hasta obtener un círculo fino que quepa en la bandeja y cúbralo con las lonchas de mozzarella y el taleggio. Esparza el orégano y salpimiente. Rocíe la pizza con aceite. Hornéela 20 minutos, retírela del horno y sírvala.

Consejo: Si le gusta la base de pizza fina, siga este método. Si la prefiere más gruesa y blanda, cubra la masa y déjela leudar 45 minutos después de colocarla en la bandeja.

PIZZA ROSSA

PIZZA DE TOMATE

FÁCIL

- Preparación: *30 minutos*
- Cocción: *20-30 minutos*
- Calorías por ración: *804*
- *Para 4 personas*

INGREDIENTES

- 1 ración de masa básica de pan (véase pág. 15)
- 1 kg de tomates pera muy maduros picados
- 4-5 cdas. de aceite de oliva, y un poco más para engrasar
- 2-3 cdas. de hojas de albahaca en trocitos
- 2 dientes de ajo picados finos
- 2 cdas. de hojas de orégano picadas, o 1 pizca generosa de orégano seco
- sal

Ponga los tomates en un bol y añada el aceite, la sal, la albahaca, el ajo y el orégano. Déjelos reposar 30 minutos como mínimo.

Precaliente el horno a 230 °C y engrase una bandeja de horno de 25 x 45 cm.

Escurra el jugo que haya podido soltar el tomate y humedézcase las manos con parte del mismo. Con las palmas de las manos, extienda la masa sobre la bandeja. Reparta el tomate por encima y rocíelo con el aceite. Hornee la pizza en la parte inferior del horno 30 minutos, o hasta que se dore bien.

PIZZELLE FRITTE

MINIPIZZAS FRITAS

FÁCIL

- Preparación: *15 minutos + 30 minutos para leudar*
- Cocción: *10 minutos*
- Calorías por ración: *420-315*
- *Para 6-8 personas*

PARA LA MASA

- 1¾ cdas. de levadura seca activa
- 1 cdta. de azúcar o miel
- 500 g de harina de tipo «0»
- 1 cda. de aceite de oliva
- 1 cdta. de sal

PARA LA COBERTURA

- aceite de oliva, para cocinar
- 500 ml de salsa de tomate espesa
- parmesano rallado

Para preparar la masa, disuelva la levadura en un bol con el azúcar o la miel y un poco de agua templada y déjela reposar unos minutos, hasta que espume. Tamice la harina sobre una superficie de trabajo limpia, forme un volcán, vierta la levadura preparada y el aceite en su interior y esparza sal por los bordes. Junte los ingredientes con las manos y amáselos, añadiendo agua templada hasta que quede fina y elástica. Déjela leudar en un bol untado con aceite y cubierto con film transparente 30 minutos, o hasta que duplique su tamaño.

Cuando la masa haya subido, divídala en bolitas y aplánelas con la mano en círculos finos para hacer las minipizzas. Caliente abundante aceite en una cazuela y fría las bases de pizza por ambos lados hasta que se doren.

Retírelas con una espumadera y deje que se escurran bien sobre papel de cocina. Disponga las minipizzas por capas en una fuente de servir, nápelas con unas cucharadas de la salsa de tomate y esparza el queso rallado por encima. Sírvalas enseguida.

SFINCIONE

PIZZA SICILIANA

DIFICULTAD MEDIA

- Preparación: *1 hora + 1 hora para leudar*
- Cocción: *35-40 minutos*
- Calorías por ración: *404*
- *Para 6 personas*

PARA LA MASA

- 375 g de harina
- 1 cdta. de sal
- 2¼ cdtas. de levadura seca activa
- 1 huevo ligeramente batido
- aceite de oliva, para engrasar

PARA LA COBERTURA

- 2 cdas. de aceite de oliva, y un poco más para rociar
- 1 cebolla en rodajas finas
- 5-6 tomates pelados y picados
- 8 filetes de anchoa
- 50 g de queso pecorino en lonchas
- 150 g de mozzarella en lonchas
- 25 g de parmesano rallado
- 50 g de aceitunas negras deshuesadas picadas
- 3 cdas. de alcaparras enjuagadas y picadas
- 2 cdas. de pan rallado grueso
- 1 pizca de orégano seco
- 1 pizca de copos de guindilla seca

Tamice la harina, la sal y la levadura en un bol grande y haga un hueco en el centro. Vierta 250 ml de agua templada y, removiendo con una cuchara de madera, vaya incorporando los ingredientes secos. Añada el huevo y remueva hasta obtener una masa suave. Si quedara demasiado pegajosa, incorpore un poco más de harina. Pase la masa a una superficie de trabajo ligeramente enharinada y trabájela 10 minutos, o hasta que quede fina y elástica.

Dele forma de bola, póngala en un bol untado con aceite y cúbrala con film transparente. Déjela leudar en un lugar cálido 1 hora aproximadamente, hasta que casi duplique su tamaño.

Precaliente el horno a 220 °C. Engrase una bandeja de horno con aceite o fórrela con papel vegetal.

Prepare la cobertura. Caliente las 2 cucharadas de aceite en una sartén y rehogue la cebolla a fuego lento, removiendo de vez en cuando, 5 minutos. Retírela del fuego.

Extienda la masa sobre una superficie ligeramente enharinada y pásela a la bandeja (si lo prefiere, divida la masa en 6 porciones individuales). Reparta el tomate de manera uniforme por encima y rocíelo con aceite. Hornee la pizza unos 18 minutos. Retire la bandeja del horno y esparza la cebolla, las anchoas, el pecorino, la mozzarella, el parmesano, las aceitunas, las alcaparras, el pan rallado, el orégano y los copos de guindilla por encima del tomate. Rocíela con aceite si fuera necesario y prosiga con la cocción de 10 a 15 minutos, hasta que la pizza esté crujiente y dorada.

PIZZA DI PATATE

PIZZA DE PATATA

FÁCIL

- Preparación: *15 minutos*
- Cocción: *45 minutos*
- Calorías por ración: *776*
- *Para 4 personas*

INGREDIENTES

- ¾ de ración de masa básica de pan (véase pág. 15)
- aceite de oliva, para engrasar y rociar
- 3 patatas cerosas grandes
- 200 g de panceta curada en dados
- 100 g de queso taleggio en dados
- 50 g de virutas de parmesano
- 1 cda. de hojas de romero
- sal y pimienta

Precaliente el horno a 220 °C y engrase una bandeja de horno con aceite. Cueza las patatas en agua hirviendo con sal 12 minutos o hasta que estén tiernas. Escúrralas, déjelas enfriar y, a continuación, pélelas y córtelas en rodajas finas.

Extienda la masa en la bandeja de modo que sobresalga un poco por los bordes. Reparta la patata por encima de la base de pizza y rocíela con un poco de aceite.

Hornee la pizza unos 15 minutos. Retírela del horno y añada la panceta, los quesos y 1 cucharada de hojas de romero. Salpimiente. Prosiga con la cocción 7 u 8 minutos y sirva la pizza caliente.

PIZZA AI QUATTRO FORMAGGI

PIZZA CUATRO QUESOS

FÁCIL

- Preparación: *20 minutos*
- Cocción: *25 minutos*
- Calorías por ración: *687*
- *Para 4 personas*

INGREDIENTES

- ¾ de ración de masa básica de pan (véase pág. 15)
- aceite de oliva, para engrasar y rociar
- 400 g de tomate italiano en conserva (tipo san Marzano) escurrido, despepitado y cortado en trozos grandes
- 100 g de mozzarella en lonchas finas
- 75 g de queso gorgonzola en tiras finas
- 75 g de queso fontina en lonchas finas
- 50 g de parmesano rallado
- sal y pimienta

Precaliente el horno a 220 °C y engrase ligeramente o forre con papel vegetal una bandeja de horno. Extienda la masa en una lámina fina en la bandeja. Reparta el tomate por encima y rocíelo con un poco de aceite.

Hornee la pizza 18 minutos, cúbrala con los quesos, salpimiéntela y rocíela con un poco más de aceite de oliva si fuera necesario. Prosiga con la cocción 7 u 8 minutos, hasta que el queso se derrita. Sirva la pizza muy caliente.

PIZZA GENOVESE

PIZZA GENOVESA

FÁCIL

- Preparación: *15 minutos + 30 minutos para leudar*
- Cocción: *40 minutos*
- Calorías por ración: *594*
- *Para 4 personas*

INGREDIENTES

- ¾ de ración de masa básica de pan (véase pág. 15)
- 50 g de sémola fina de trigo duro
- 50 ml de aceite de oliva

PARA LA COBERTURA

- 2 cdas. de aceite de oliva
- 3 cebollas blancas en rodajas finas
- 4 tomates pelados y picados
- 100 g de filetes de anchoa
- 100 g de aceitunas negras deshuesadas
- 4 dientes de ajo
- sal

Con las manos, incorpore la sémola a la masa junto con el aceite. Trabaje bien la masa y déjela leudar unos 30 minutos.

Precaliente el horno a 220 °C y engrase una bandeja de horno con aceite. Extienda la masa sobre una superficie de trabajo ligeramente enharinada hasta obtener un círculo de unos 2 cm de grosor y póngalo en la bandeja.

Caliente el aceite en una cazuela y rehogue la cebolla a fuego muy lento hasta que esté translúcida. Añada el tomate, sálelo, remueva bien y apague el fuego.

Extienda la salsa sobre la base de pizza y disponga encima las anchoas, las aceitunas y los dientes de ajo. Hornee la pizza unos 20 minutos, o hasta que la base se dore. Retírela del horno, deseche los dientes de ajo y sírvala.

Consejo: Para pelar fácilmente los tomates, pinche la piel un par de veces, escáldelos con agua hirviendo unos segundos, escúrralos, sumérjalos en agua con hielo, escúrralos de nuevo y pélelos.

PIZZA ALLA SALSICCIA

PIZZA DE SALCHICHA

FÁCIL

- Preparación: *30 minutos*
- Cocción: *22 minutos*
- Calorías por ración: *420-315*
- *Para 4 personas*

INGREDIENTES

- aceite de oliva, para engrasar y rociar
- 1 ración de masa de pizza (véase pág. 19)
- harina, para espolvorear
- 200 g de salchichas italianas peladas y desmenuzadas
- 50 g de queso pecorino recién rallado
- 4 tomates pelados y picados
- 100 g de panceta ahumada curada en lonchas
- 1 cdta. de romero fresco picado
- 6 hojas de albahaca troceadas
- sal y pimienta

Precaliente el horno a 220 °C. Engrase una bandeja de horno con aceite o fórrela con papel vegetal.

Extienda la masa sobre una superficie de trabajo ligeramente enharinada y pásela a la bandeja. Reparta el tomate por encima y rocíelo con aceite. Hornee la pizza 20 minutos.

Mezcle la salchicha y el queso pecorino en un bol y salpimiéntelos. Extienda la salchicha con el queso por la pizza y añada la panceta. Esparza el romero y la albahaca por encima, rocíe la pizza con aceite y hornéela 7 u 8 minutos más.

PIZZA AL PROSCIUTTO CRUDO CON MOZZARELLA

PIZZA DE JAMÓN Y MOZZARELLA

FÁCIL

- Preparación: *15 minutos*
- Cocción: 15-*20 minutos*
- Calorías por ración: *649*
- *Para 4 personas*

INGREDIENTES

- 1 ración de masa básica de pan (véase pág. 15)
- aceite de oliva, para engrasar y rociar
- 8 lonchas finas de mozzarella
- 8 lonchas finas de jamón serrano
- sal y pimienta

Precaliente el horno a 220 °C y engrase una bandeja de horno rectangular con aceite. Envuelva cada loncha de mozzarella con una loncha de jamón y refrigérelas.

Extienda la masa sobre una superficie de trabajo ligeramente enharinada hasta obtener un rectángulo de unos 3 mm de grosor, póngala en la bandeja y salpimiéntela con moderación. Disponga los paquetitos de jamón y queso encima en 2 filas de 4 y rocíelos con abundante aceite.

Hornee la pizza de 15 a 20 minutos. Retírela del horno y, con un cuchillo muy afilado, córtela primero por la mitad a lo ancho y después cada mitad en 4 porciones, cortándolas a lo largo entre los paquetitos de jamón y queso. Sirva la pizza muy caliente.

Consejo: Para preparar los paquetitos de jamón y queso, elija un jamón que no esté excesivamente curado, por ejemplo jamón de Parma o serrano, que se mantiene tierno y tiene un sabor sutil..

PIZZA QUATTRO STAGIONI

PIZZA CUATRO ESTACIONES

FÁCIL

- Preparación: *20 minutos*
- Cocción: *15-20 minutos*
- Calorías por ración: *637*
- *Para 4 personas*

INGREDIENTES

- aceite de oliva, para engrasar y rociar
- 65 g de mejillones limpios y sin las barbas
- 1 ración de masa de pizza (véase pág. 19)
- harina, para espolvorear
- 4 tomates pelados, despepitados y picados
- 4 filetes de anchoa cortados por la mitad a lo largo
- 50 g de aceitunas verdes
- 50 g de jamón cocido, en dados
- 50 g de mozzarella en dados
- 4 corazones de alcachofa en aceite escurridos y cortados por la mitad
- 50 g de aceitunas negras
- sal y pimienta

Precaliente el horno a 220 °C. Engrase una bandeja de horno con aceite o fórrela con papel vegetal.

Deseche los mejillones que tengan las valvas rotas y los que no se cierren de inmediato al golpearlos. Póngalos en una sartén y caliéntelos a fuego vivo 2 o 3 minutos, hasta que se abran. Deseche los que no se hayan abierto. Separe los mejillones de las valvas.

Extienda la masa sobre una superficie de trabajo ligeramente enharinada y pásela a la bandeja. Reparta el tomate por encima y marque la base con una cruz con el dorso de un cuchillo. Disponga las anchoas y las aceitunas verdes en una cuarta parte de la pizza; los mejillones en otra; el jamón y la mozzarella en otra, y la alcachofa y las aceitunas negras en la restante. Salpimiente la pizza, rocíela con aceite y hornéela de 15 a 20 minutos.

PIZZA DI BACCALÀ

PIZZA RELLENA DE BACALAO

DIFICULTAD ALTA

- Preparación: *1 hora + 48 horas en remojo y 2¼ horas para leudar*
- Cocción: *1 hora*
- Calorías por ración: *1080-720*
- *Para 6-8 personas*

PARA LA MASA

- 2 cdtas. de levadura seca activa
- 1 cda. de azúcar
- 400 g de harina de tipo «00» y un poco más para espolvorear»
- 125 g de manteca de cerdo
- 1¼ cdtas. de sal
- pimienta

PARA EL RELLENO

- 500 g de bacalao en salazón remojado 48 horas y con varios cambios de agua
- 3-4 cdas. de aceite de oliva, y un poco más para engrasar
- 1 diente de ajo
- 40 g de escarola en juliana
- 2 cdas. de alcaparras
- 70 g de aceitunas negras deshuesadas
- 50 g de filetes de anchoa
- 1-2 cdas. de perejil picado fino

Ponga la levadura en un bol con una cucharadita del azúcar. Mézclela con 150 ml de agua templada y déjela fermentar de 10 a 15 minutos, hasta que espume. Disuelva la sal en un poco de agua templada.

Ponga la harina en el bol de una amasadora equipada con el gancho de amasar. Añada la levadura, la manteca, el azúcar restante y el agua con sal y remueva, añadiendo más agua si fuera necesario, para obtener una masa fina. Termine de trabajarla a mano sobre una superficie de trabajo y, si quedara demasiado pegajosa, añádale un poco más de harina. Dele forma de bola, cúbrala y déjela leudar 2 horas en un lugar cálido.

Ponga a hervir una olla con agua a fuego vivo, añada el bacalao, baje el fuego y cuézalo 10 minutos. Córtelo en trozos del tamaño de un bocado.

Caliente el aceite en una sartén a fuego medio y rehogue el ajo a fuego lento hasta que se dore. Retírelo. Añada la escarola, 120 ml de agua, y la mitad de las alcaparras y las aceitunas, y cuézalo hasta que la escarola se marchite y se haya evaporado casi toda el agua.

Precaliente el horno a 190 °C y engrase y enharine un molde redondo de 23 cm. Caliente un poco más de aceite en una sartén y rehogue el bacalao a fuego lento con las alcaparras y las aceitunas restantes, las anchoas y el perejil. Remueva y déjelo enfriar.

Trabaje de nuevo la masa con los nudillos y forre la base y los lados del molde con dos tercios de la misma. Añada el relleno y extienda la masa restante para cubrirlo. Doble la masa de los lados del molde hacia dentro y pellízquela para sellarla. Píntela con aceite. Déjela reposar 15 minutos y hornéela 45 minutos.

PIZZA AI FRUTTI DI MARE

PIZZA MARINERA

FÁCIL

- Preparación: *30 minutos*
- Cocción: *35-40 minutos*
- Calorías por ración: *604*
- *Para 4 personas*

INGREDIENTES

- 300 g de pulpitos limpios y pelados
- 2 cdas. de aceite de oliva, y un poco más para engrasar y rociar
- 300 g de gambas crudas
- 300 g de almejas limpias
- 300 g de mejillones limpios y sin las barbas
- 1 cebolla en rodajas finas
- 4 dientes de ajo en láminas finas
- 1 guindilla fresca sin las semillas y picada
- 1 cda. de perejil picado
- 1 ración de masa de pizza (véase pág. 19)
- harina, para espolvorear
- 300 g de tomates cherry pelados y en cuartos
- sal

Cueza los pulpitos en una cazuela con agua hirviendo 2 minutos, o hasta que estén tiernos, y escúrralos bien. Precaliente el horno a 220 °C.

Engrase una bandeja de horno con aceite y fórrela con papel vegetal. Cueza las gambas en otra cazuela con agua hirviendo unos 2 o 3 minutos, escúrralas, pélelas y retíreles el hilo intestinal. Deseche las almejas y los mejillones que tengan las valvas rotas y que no se cierren de inmediato al golpearlos. Ponga el resto de almejas y mejillones en una sartén y cuézalos a fuego vivo 2 o 3 minutos, hasta que se abran. Sepárelos de las valvas, desechando los que no se hayan abierto.

Caliente el aceite en una sartén y rehogue la cebolla, el ajo y la guindilla a fuego lento, removiendo de vez en cuando, 5 minutos. Añada los pulpitos, los mejillones, las almejas y las gambas. Sale todo y siga rehogando, removiendo a menudo, 5 minutos. Retírelo del fuego y eche el perejil.

Extienda la masa sobre una superficie de trabajo ligeramente enharinada y pásela a la bandeja. Reparta los tomates por encima de la base, rocíelos con aceite y hornee la pizza unos 15 minutos. Añada el marisco y prosiga con la cocción 7 u 8 minutos más (no más, de lo contrario el marisco se resecaría).

PIZZA AI PORCINI E FIORI DI ZUCCA FARCITI

PIZZA DE BOLETOS Y FLORES DE CALABACÍN RELLENAS

DIFICULTAD MEDIA

- Preparación: *40 minutos + 1 hora para enfriar*
- Cocción: *40-45 minutos*
- Calorías por ración: *361*
- *Para 6 personas*

INGREDIENTES

- 1 ración de masa de pizza (véase pág. 19)
- harina, para espolvorear
- 5 cdas. de aceite de oliva, y un poco más para rociar
- 1 cebolla pequeña picada fina
- 6 calabacines picados finos
- 6 flores de calabacín
- 100 g de boletos en dados
- 120 g de mozzarella en dados
- 4 tomates secados al sol, en aceite, picados
- sal y pimienta

Precaliente el horno a 200 °C y forre un molde bajo y redondo de 30 cm con papel vegetal. Extienda la masa sobre una superficie de trabajo ligeramente enharinada hasta obtener un círculo fino y póngalo en el molde. Hornee la base de pizza unos 10 minutos, retírela y déjela reposar.

Caliente 2 cucharadas del aceite en una cazuela y rehogue la cebolla y la mitad del calabacín a fuego lento 2 o 3 minutos, hasta que estén tiernos y se haya evaporado el exceso de agua. Salpimiente.

Retire los pistilos de las flores de calabacín y rellene las flores con las verduras rehogadas. Caliente 1 cucharada del aceite en una sartén y rehogue los boletos a fuego lento 10 minutos, humedeciéndolos con un poco de agua si fuera necesario.

Caliente las 2 cucharadas de aceite restantes en una sartén aparte y sofría el resto del calabacín 2 o 3 minutos a fuego vivo, removiendo a menudo. Salpimiente.

Mezcle los boletos con el calabacín y extienda la mezcla sobre la base de la pizza dentro del molde. Añada las flores de calabacín rellenas y esparza la mozzarella por encima. Hornee la pizza 5 minutos, retírela del horno y adórnela con el tomate picado. Rocíela con un poco de aceite y sírvala.

PIZZA DI ORTAGGI

PIZZA RELLENA DE VERDURAS

FÁCIL

- Preparación: *1 hora + 1 hora para leudar*
- Cocción: *1 hora y 25 minutos*
- Calorías por ración: *545*
- *Para 6 personas*

PARA LA MASA

- 2 cdtas. de levadura seca activa
- 500 g de harina de tipo «0»
- 120 ml de aceite de oliva
- 1½ cdtas. de sal

PARA EL RELLENO

- 3 berenjenas en rodajas de 5 mm de grosor
- 2 dientes de ajo en láminas
- 1 cda. de perejil picado
- 1 cebolla en rodajas finas
- 200 ml de caldo de verduras
- ½ pimiento rojo despepitado y picado
- ½ pimiento verde despepitado y picado
- ½ pimiento amarillo despepitado y picado
- 2 calabacines en dados
- 2 cdas. de parmesano rallado
- 60 g de pan rallado
- 1 huevo ligeramente batido

Para preparar la masa, disuelva la levadura en un bol con un poco de agua templada y déjela reposar unos minutos, hasta que espume. Tamice la harina sobre una superficie de trabajo limpia, forme un volcán, vierta la levadura preparada y el aceite en su interior y esparza la sal por los bordes. Junte los ingredientes con las manos y amáselos, añadiendo 250 ml de agua templada para ligar la masa hasta que quede fina y elástica. Déjela leudar en un bol untado con aceite y cubierto con film transparente 1½ horas, o hasta que duplique su tamaño.

Precaliente el horno a 190 °C y engrase un molde redondo de 25 cm. Caliente el aceite en una sartén grande y rehogue la berenjena y la mitad del ajo hasta que se empiece a dorar y esté hecha. Salpimiente y eche el perejil. Resérvelos.

Añada un poco más de aceite a la sartén y rehogue la cebolla y el ajo restante a fuego lento otros 2 minutos. Sale, vierta el caldo, tape la sartén y cuézalos 5 minutos.

Añada el pimiento y cuézalo 5 minutos. A continuación, agregue el calabacín y la berenjena y prosiga con la cocción otros 5 minutos. Retírelos del fuego y déjelos enfriar antes de añadir el queso, el pan rallado y el huevo. Sale.

Extienda dos tercios de la masa sobre una superficie ligeramente enharinada y forre el molde con ella. Disponga las verduras encima y cúbralas con la masa restante extendida a modo de tapa. Pinte la superficie con aceite y hornee la pizza de 45 minutos a 1 hora. Retírela y sírvala caliente o templada.

PIZZA DI SCAROLA

PIZZA RELLENA DE ESCAROLA

DIFICULTAD MEDIA

- Preparación: *30 minutos + 1-2 horas para leudar*
- Cocción: *1 hora*
- Calorías por ración: *1140-760*
- *Para 4-6 personas*

PARA LA MASA

- 2½ cdtas. de levadura seca activa
- 1 pizca de azúcar
- 400 g de harina de fuerza
- 1 cdta. de sal
- leche o agua templada, la cantidad necesaria
- 200 g de mantequilla

PARA EL RELLENO

- 900 g de escarola picada
- 3-4 cdas. de aceite de oliva
- 1 diente de ajo
- 80 g de filetes de anchoa enjuagados, secados y picados
- 50 g de alcaparras enjuagadas y escurridas
- 150 g de aceitunas negras deshuesadas y picadas
- 2 cdas. de pasas (opcional)
- 2 cdas. de piñones
- 1 pizca de copos de guindilla roja (opcional)
- 1 huevo ligeramente batido
- sal y pimienta

Para preparar la masa, disuelva la levadura en un bol pequeño con una pizca de azúcar y un poco de agua templada y déjela reposar unos minutos, hasta que espume. Tamice la harina en un bol grande, forme un volcán, haga un hueco en el centro, vierta la levadura preparada y la mantequilla y esparza la sal por los bordes. Junte los ingredientes con las manos y trabaje la masa, añadiendo agua templada hasta que quede fina, homogénea y no excesivamente blanda para poder extenderla con facilidad. Déjela leudar en un bol untado con aceite y cubierto con film transparente 1 o 2 horas, o hasta que duplique su tamaño.

Mientras, ponga agua con sal a hervir en una cazuela. Escalde la escarola unos 2 minutos, o hasta que empiece a estar tierna. Escúrrala y estrújela para eliminar toda el agua. Caliente el aceite en una sartén y fría el ajo hasta que se dore. Deseche el ajo y añada las anchoas, las alcaparras, las aceitunas, las pasas, los piñones, la guindilla y, por último, la escarola. Rehogue los ingredientes unos minutos, apague el fuego, rectifique la sazón si fuera necesario y déjelos enfriar.

Extienda la masa en 2 círculos sobre una superficie de trabajo ligeramente enharinada. Forre un molde redondo de 25 cm con un círculo de masa, extienda el relleno con cuidado, coloque el otro círculo encima y pellizque los bordes para sellarlos. Deje leudar la masa alrededor de 1 hora. Precaliente el horno a 190 °C.

Pinte la superficie de la pizza con huevo batido, sálela y hornéela de 25 a 30 minutos. Retírela del horno y sírvala templada o fría.

PIZZA MONTANARA

PIZZA RELLENA DE JAMÓN Y HUEVO

FÁCIL

- Preparación: *20 minutos*
- Cocción: 35 *minutos*
- Calorías por ración: *637*
- *Para 4 personas*

INGREDIENTES

- 1 ración de masa básica de pan (véase pág. 15)
- 2 cdas. de aceite de oliva, y un poco más para engrasar
- 1 cebolla blanca grande picada fina
- 250 g de queso fontina en dados
- 150 g jamón de Praga, u otro jamón cocido ahumado de calidad, en tiras finas
- 2 huevos ligeramente batidos, y 1 yema más
- sal y pimienta

Precaliente el horno a 200 °C y engrase ligeramente una bandeja de horno con aceite. Caliente el aceite en una cazuela y rehogue la cebolla a fuego lento hasta que esté translúcida. Añada una pizca de sal y retírela del fuego.

Divida la masa de pan por la mitad y extiéndala en 2 círculos, uno algo más grande que el otro, sobre una superficie de trabajo ligeramente enharinada. Disponga el círculo más grande en la bandeja de modo que rebase el borde y esparza el queso, el jamón y la cebolla. Salpimiente el huevo batido y viértalo por encima.

Cubra el relleno con el otro círculo de masa y pellizque los bordes para sellarlos. Pinte la superficie de la pizza con la yema batida y hornéela 30 minutos, hasta que se dore. Retírela del horno y déjela reposar 5 minutos antes de servirla.

CALZONE

57 CALZONE RELLENO

59 MINICALZONE

60 CALZONE DE VERDURAS

63 CALZONE A LA TURCA

PASO 1

PASO 2

PASO 3

PASO 4

CALZONE FARCITO

CALZONE RELLENO

DIFICULTAD MEDIA

- Preparación: *30 minutos*
- Cocción: 25 *minutos*
- Calorías por unidad: 758-504
- *Para 4-6 personas*

INGREDIENTES

- 250 g de mozzarella escurrida y en dados
- ¾ de ración de masa de pizza (véase pág. 19)
- 200 g de passata de tomate (tomate triturado colado)
- 200 g de ricota
- 2 huevos batidos
- 120 g de jamón cocido cortado en tiras
- 1 pizca de orégano seco
- 1 pizca de guindilla molida
- 20 g de parmesano rallado
- aceite de oliva virgen extra
- sal y pimienta

PASO 1

Divida la masa por la mitad, forme dos bolas y extiéndalas con las manos hasta obtener 2 círculos finos de 25 cm de diámetro. Extienda una tercera parte del tomate en el centro de cada porción de masa.

PASO 2

Precaliente el horno a 220 °C y forre una bandeja de horno con papel vegetal. En un bol, ponga la ricota e incorpore gradualmente el huevo batido seguido de la mozzarella, el jamón, el orégano y la guindilla molida. Salpimiente. Reparta el relleno sobre el tomate. Doble cada calzone por la mitad, encerrando bien el relleno para obtener una media luna. Humedezca los bordes con un poco de agua y presiónelos para sellarlos.

PASO 3

Pinte la superficie de los calzone con parte del tomate restante y hornéelos de 20 a 25 minutos, hasta que se hinchen y se doren.

PASO 4

Vierta el tomate restante por encima de los calzone, esparza el queso parmesano y sírvalos.

Consejo: Para sellar los calzone, presione los bordes juntos con un tenedor o dóblelos en forma de cordón (véase pág. 59).

CALZONCELLI

MINICALZONE

FÁCIL

- Preparación: *15 minutos*
- Cocción: *25 minutos*
- Calorías por ración: *399*
- *Para 6 personas*

INGREDIENTES

- 1 huevo, y 1 clara más, ligeramente batidos
- 200 g de ricota
- 60 g de parmesano rallado
- 50 g de jamón cocido cortado en trozos grandes
- 150 g de queso scamorza ahumado cortado en dados
- 50 g de mortadela cortada en trozos grandes
- 1 ración de masa básica de pan (véase pág. 15)
- harina para espolvorear
- sal y pimienta
- aceite de oliva, para untar

Precaliente el horno a 200 °C. Ponga el huevo, la ricota, el parmesano y una pizca de sal y pimienta en un robot de cocina y tritúrelos. Añada el jamón, el scamorza y la mortadela y tritúrelos brevemente. Divida la masa en 6 porciones iguales y deles forma de bola.

Extienda las porciones sobre una superficie de trabajo ligeramente enharinada hasta obtener círculos de unos 13 cm de diámetro. Reparta el relleno entre las bases de masa, dejando libre un margen de 2,5 cm. Pinte los bordes con un poco de clara de huevo y dóblelos sobre la otra mitad, presionando el borde con un tenedor para sellarlo. Unte las empanadillas con un poco de aceite y hornéelas unos 25 minutos.

Consejo: Para que el borde quede bien sellado y decorativo, cuando haya doblado las bases de masa por la mitad, pellizque los bordes para afinarlos. A continuación, sostenga el borde entre el pulgar y el índice y enróllelo sobre el relleno para obtener un ribete en forma de cordón.

CALZONE VEGETARIANO

CALZONE DE VERDURAS

FÁCIL

- Preparación: *30 minutos*
- Cocción: *35 minutos*
- Calorías por ración: *294*
- *Para 6 personas*

INGREDIENTES

- 1 kg de escarola o achicoria puntarelle
- 2 cdas. de aceite de oliva
- 1 diente de ajo majado
- 1 pizca de orégano seco
- 1 pizca de guindilla molida
- 30 g de queso pecorino rallado
- 1 ración de masa básica de pan (véase pág. 15)
- sal

Precaliente el horno a 200 °C. Ponga a hervir agua con sal y cueza la escarola 2 o 3 minutos. Escúrrala y refrésquela a continuación bajo un chorro de agua fría. Estrújela bien para escurrirla y píquela fina.

Caliente el aceite en una sartén y rehogue el ajo hasta que se empiece a dorar. Deséchelo. Añada la escarola, el orégano y la guindilla y rehóguelos 5 minutos, removiendo para mezclar los sabores. Retire la sartén del fuego e incorpore el pecorino.

Ponga la masa sobre un círculo grande de papel vegetal y extiéndala hasta cubrir el papel; debe quedar bastante fina.

Disponga el relleno de escarola en una mitad de la base y doble la otra mitad por encima, pellizcando los bordes con la yema de los dedos para sellarlos. Pinche la superficie del calzone con un tenedor, úntelo con aceite y hornéelo unos 25 minutos. Retírelo del horno, déjelo reposar 5 minutos y sírvalo templado.

Consejo: Si la masa quedara demasiado seca para sellar bien los bordes, humedézcalos con un pincel de repostería mojado con agua y presiónelos bien.

CALZONI ALLA TURCA

CALZONE A LA TURCA

FÁCIL

- Preparación: *15 minutos*
- Cocción: *20 minutos*
- Calorías por ración: *406*
- *Para 6 personas*

INGREDIENTES

- aceite de oliva, para engrasar
- 1 ramita de menta fresca
- 300 g de ricota o queso quark
- 1 diente de ajo pequeño picado fino
- 1 ración de masa básica de pan (véase pág. 15)
- harina, para espolvorear
- sal y pimienta

Precaliente el horno a 200 °C y engrase una bandeja de horno con aceite. Pique gruesa la menta y mézclela con la ricota o el queso quark en un bol. Bátalos bien con una cuchara de madera, añada el ajo y salpimiente.

Extienda la masa sobre una superficie de trabajo ligeramente enharinada hasta obtener una lámina fina y córtela en círculos de 10 cm de diámetro. Disponga un poco del relleno de ricota en una mitad de cada base, doble la otra mitad por encima y presione los bordes con la yema de los dedos. Pase los calzone a la bandeja y hornéelos 20 minutos. Retírelos del horno y sírvalos.

Consejo: Si utiliza ricota, dilúyala ligeramente con 3 o 4 cucharadas de yogur. Para potenciar el sabor, añada unas hojas de albahaca al relleno.

FOCACCIA

67 FOCACCIA GENOVESA

68 FOCACCIA AL ROMERO

71 FOCACCIA CON ACEITUNAS

72 FOCACCIA A LAS HIERBAS

75 FOCACCIA CON ESCAROLA

76 FOCACCIA CON PECORINO Y SALVIA

79 FOCACCIA TRICOLOR DE VERDURAS

80 FOCACCIA CON CEBOLLA

83 FOCACCIA APULENSE

84 MINIFOCACCIAS CON PANCETA

87 FOCACCIA AL ESTILO DE RECCO

88 MINIFOCACCIAS CON FETA

91 FOCACCIA CON QUESO

92 FOCACCIA CON PANCETA Y PECORINO

95 FOCACCIA CON STRACCHINO

96 FOCACCIA DE CALABAZA

99 FOCACCIA CON ACHICORIA ROJA

100 FOCACCIA CON CEBOLLA, ANCHOAS Y ACEITUNAS NEGRAS

PASO 1

PASO 2

PASO 3

PASO 4

TÉCNICA

FOCACCIA GENOVESE

FOCACCIA GENOVESA

DIFICULTAD MEDIA

- Preparación: *30 minutos + 2½ horas para leudar*
- Cocción: *20 minutos*
- Calorías por unidad: *197*
- *Para 6 personas*

INGREDIENTES

- 350 g de harina de tipo «00»
- 1 cdta. de sal
- 2¼ cdtas. de levadura seca activa
- 1 cdta. de miel
- 4 cdtas. de aceite de oliva virgen extra, y 3½ cdas. más para hornear

PASO 1
Tamice la harina sobre una superficie limpia y forme un volcán. Haga una surco alrededor del borde y esparza 1 cucharadita de sal. Disuelva la levadura en 2 cucharaditas de agua templada y la miel. Viértala en su interior. Añada el aceite y 100 ml de agua y remueva con los dedos, incorporando gradualmente la harina de los lados hasta obtener una masa suave.

PASO 2
Trabaje la masa unos 10 minutos y dele forma de bola. Póngala en un bol untado con aceite, márquela con una cruz y déjela leudar 1 hora en un lugar cálido. Pase la masa a una superficie de trabajo y presiónela suavemente con los nudillos. Vierta 2 cucharadas de aceite en el centro de una bandeja de horno de 20 x 30 cm y disponga la masa encima. Precaliente el horno a 230 °c. Llene toda la bandeja con la masa, presionándola con las manos. Esparza una pizca generosa de sal por encima, cubra la masa con 2 trozos de papel de aluminio en forma de tienda de campaña y déjela leudar unos 30 minutos en un lugar cálido.

PASO 3
Precaliente el horno a 230 °c. Mezcle 100 ml de agua con 3½ cucharadas de aceite, viértala sobre la masa y presiónela con la punta de los dedos para hacer varias hendiduras hasta el fondo de la bandeja. Déjela leudar en un lugar cálido 1 hora más.

PASO 4
Hornee la focaccia unos 20 minutos, o hasta que se dore. Déjela enfriar, córtela en porciones y sírvala.

FOCACCIA AL ROSMARINO

FOCACCIA AL ROMERO

FÁCIL

- Preparación: *35 minutos + 1 hora para leudar*
- Cocción: *50 minutos*
- Calorías por ración: *374-281*
- *Para 6-8 personas*

INGREDIENTES

- 2 cdas. de aceite de oliva, y un poco más para engrasar
- 1 cdta. de azúcar extrafino
- 250 ml de leche templada
- 2½ cdtas. de levadura seca activa
- 400 g de harina de fuerza o harina normal, y un poco más para espolvorear
- 2 cdtas. de sal
- 2 ramitas de romero troceadas
- sal marina gruesa

Engrase una bandeja grande de horno con aceite o fórrela con papel vegetal. Disuelva el azúcar con la leche templada en un bol, esparza la levadura por encima y déjela reposar de 10 a 15 minutos, hasta que espume. Remueva hasta obtener una pasta fina.

Tamice la harina y la sal en un bol. Incorpore la levadura, el romero y el aceite. Mézclelos bien, pase la masa a una superficie de trabajo ligeramente enharinada y trabájela 10 minutos, o hasta que quede fina y elástica.

Extiéndala en un círculo de 23 cm y pásela con cuidado a la bandeja. Con la yema de los dedos, haga 10 hendiduras en la superficie e introduzca 2 o 3 granos de sal gruesa en cada uno. Pinte la focaccia con el aceite y déjela leudar 1 hora en un lugar cálido.

Precaliente el horno a 200 °C. Hornee la focaccia 30 minutos, hasta que se dore bien. Retírela del horno, déjela enfriar un poco sobre una rejilla metálica y sírvala templada.

FOCACCIA CON OLIVE

FOCACCIA CON ACEITUNAS

FÁCIL

- Preparación: *15 minutos*
- Cocción: *30 minutos*
- Calorías por ración: *208*
- *Para 4 personas*

INGREDIENTES

- 1 ración de masa básica de pan (véase pág. 15)
- harina, para espolvorear
- 2 cdas. de tapenade
- aceite de oliva, para engrasar y rociar
- 150 g de aceitunas verdes y negras deshuesadas
- sal marina gruesa

Trabaje la masa 2 minutos sobre una tabla de cortar enharinada. Diluya la tapenade con un poco de aceite e incorpórela a la masa. Cúbrala y déjela reposar unos 30 minutos. Aplánela con suavidad y extiéndala sobre una superficie de trabajo ligeramente enharinada hasta que tenga 5 mm de grosor. Precaliente el horno a 240 °C y engrase una bandeja de horno con aceite.

Extienda la masa sobre la bandeja y pínchela con un tenedor. Reparta las aceitunas y esparza una pizca de sal por encima. Rocíe la focaccia con un hilo de aceite y hornéela unos 30 minutos. Retírela del horno, déjela reposar 5 minutos y sírvala.

FOCACCIA AGLI AROMI VERDI

FOCACCIA A LAS HIERBAS

FÁCIL

- Preparación: *20 minutos*
- Cocción: *25 minutos*
- Calorías por ración: *367*
- *Para 6 personas*

INGREDIENTES

- 1 ración de masa básica de pan (véase pág. 15)
- 2 cdas. de aceite de oliva, y un poco más para engrasar
- hojas de albahaca picadas finas
- perejil picado fino
- sal marina gruesa

Precaliente el horno a 200 °C y engrase una bandeja rectangular con aceite. Incorpore el aceite a la masa y trabájela bien hasta que quede fina y elástica. Añada la albahaca y el perejil y siga amasándola hasta que los ingredientes queden bien repartidos.

Extienda la masa sobre la bandeja con la punta de los dedos de modo que se llene por completo y tenga un grosor de 5 mm. Pinte la superficie con aceite, sálela ligeramente y hornéela unos 25 minutos.

Retírela del horno, déjela reposar 5 minutos y sírvala.

FOCACCIA ALLA SCAROLA

FOCACCIA CON ESCAROLA

FÁCIL

- Preparación: *20 minutos*
- Cocción: 30-35 *minutos*
- Calorías por ración: *382*
- *Para 8 personas*

INGREDIENTES

- 1 ración de masa básica de pan (véase pág. 15)
- 2 cdas. de aceite de oliva
- 400 g de escarola en juliana
- 4 filetes de anchoa cortados en trozos
- 200 g de queso caciotta o taleggio en lonchas de 3 mm de grosor
- sal y pimienta

Precaliente el horno a 220 °C y forre un molde redondo de 25 cm de diámetro con papel vegetal. Divida la masa por la mitad y extienda ambas porciones sobre una superficie de trabajo ligeramente enharinada en círculos, uno algo más grande que el molde y otro más pequeño y fino. Deje reposar la masa unos minutos.

Mientras, caliente el aceite en una cazuela y rehogue la escarola 5 minutos, salpimentándola.

Disponga el círculo más grande de masa en el molde de modo que los bordes sobresalgan un poco. Pinche la superficie con un tenedor, extienda la escarola por encima, añada las anchoas y, por último, el queso. Cubra el relleno con la otra base de masa y pellizque los bordes para sellarlos. Pinche la superficie con un tenedor y píntela con aceite.

Hornee la focaccia de 25 a 30 minutos, hasta que se dore bien. Retírela y déjela reposar 2 minutos. Pásela a una fuente y sírvala.

Consejo: La escarola suelta mucho jugo durante la cocción. Si, transcurrido el tiempo de cocción, quedara líquido en la sartén, suba el fuego y siga removiendo hasta que se evapore.

FOCACCIA CON PECORINO E SALVIA

FOCACCIA CON PECORINO Y SALVIA

DIFICULTAD MEDIA

- Preparación: *20 minutos*
- Cocción: *25 minutos*
- Calorías por ración: *342*
- *Para 6 personas*

INGREDIENTES

- 1 ración de masa básica de pan (véase pág. 15)
- 2 cdas. de aceite de oliva, y un poco más para engrasar y rociar
- 10 hojas de salvia partidas en trocitos
- 30 g de queso pecorino rallado grueso
- sal marina más bien gruesa

Precaliente el horno a 200 °C y engrase una bandeja rectangular con aceite. Incorpore el aceite a la masa y añada la salvia. Trabaje bien la masa. Extiéndala con las manos sobre la bandeja, presionándola con la yema de los dedos hasta que cubra el recipiente y tenga 4 mm de grosor. Rocíe la focaccia con un poco de aceite, sálela y hornéela 15 minutos.

Retírela del horno, esparza el pecorino por encima y hornéla 10 minutos más. Sírvala.

Consejo: Si las hojas de salvia no fueran pequeñas y tiernas, recorte la nervadura del centro de cada hoja con unas tijeras.

FOCACCIA COLORATA

FOCACCIA TRICOLOR DE VERDURAS

FÁCIL

- Preparación: *30 minutos + 30 minutos para leudar*
- Cocción: *25 minutos*
- Calorías por ración: *349*
- *Para 8 personas*

PARA LA FOCACCIA

- 1½ cdas. de levadura seca activa
- 350 g de harina
- 150 g de harina de alforfón
- 1 cdta. de sal

PARA EL RELLENO

- 200 g de calabaza en dados
- 1 pizca de nuez moscada recién rallada
- 200 g de ricota
- 50 g de parmesano rallado
- 250 g de espinacas picadas finas
- aceite de oliva, para engrasar
- sal y pimienta

Para preparar la masa, disuelva la levadura en un bol con un poco de agua templada y déjela reposar unos minutos, hasta que espume. Tamice los dos tipos de harina sobre una superficie de trabajo limpia, forme un volcán, vierta la levadura preparada en su interior, y esparza la sal por los bordes. Junte los ingredientes con las manos y amáselos, añadiendo agua templada suficiente para ligar la masa hasta que quede fina y elástica. Déjela leudar en un bol untado con aceite y cubierto con film transparente 30 minutos, o hasta que duplique su tamaño.

Precaliente el horno a 200 °C y unte un molde redondo de 23 cm de diámetro con aceite. Ponga a hervir agua con sal en una olla y cueza la calabaza al vapor hasta que esté tierna. Tritúrela en un robot de cocina hasta obtener un puré. Condiméntelo con una pizca de cada de nuez moscada, sal y pimienta.

En un bol aparte, mezcle la ricota con el parmesano y las espinacas picadas.

Extienda la masa sobre una superficie ligeramente enharinada para obtener 2 círculos y ponga uno en el molde. Coloque una capa de puré de calabaza por encima, seguida de otra de ricota, de modo que ambas capas queden bien definidas. Disponga el segundo círculo de masa sobre el relleno, pellizque firmemente los bordes para sellarlos y hornee la focaccia 25 minutos. Retírela del horno, déjela enfriar un poco y sírvala templada.

Consejo: Si utiliza queso quark en vez de ricota, dilúyalo ligeramente con 3 o 4 cucharadas de yogur. Para potenciar el sabor, añada unas hojas de albahaca al relleno de queso.

FOCACCIA DI CIPOLLE

FOCACCIA CON CEBOLLA

DIFICULTAD MEDIA

- Preparación: *20 minutos + 1 hora para leudar*
- Cocción: *40 minutos*
- Calorías por ración: *486*
- *Para 4 personas*

PARA LA FOCACCIA

- 2½ cdtas. de levadura seca activa
- 120-175 ml de leche
- 250 g de harina de tipo «0»
- 1 huevo
- aceite de oliva, para engrasar

PARA LA COBERTURA

- 50 g de mantequilla, y un poco más para engrasar
- 2 cebollas moradas en aros
- 1 ramita de perejil picada fina
- sal

Disuelva la levadura en un poco de leche templada, añada harina hasta obtener una bola pequeña y déjela reposar 1 hora. Tamice la harina restante en forma de volcán sobre una superficie de trabajo limpia y haga un hueco en el centro. Casque un huevo en su interior, añada la bola de masa e incorpórela a la harina, añadiendo leche hasta obtener una masa suave. Dele forma de bola, pásela a un bol ligeramente engrasado, cúbrala con film transparente y déjela leudar 1 hora.

Precaliente el horno a 180 °C y engrase una bandeja de horno con mantequilla. Derrita la mantequilla en una cazuela y rehogue la cebolla a fuego lento. Sale y añada el perejil. Reserve 2 o 3 cucharadas de cebolla y agregue el resto a la masa, trabajándola breve y rápidamente, y extiéndala sobre la bandeja.

Esparza la cebolla reservada por encima, cubra la focaccia con papel de aluminio y hornéela 20 minutos. Retire el papel de aluminio y prosiga con la cocción 10 minutos, hasta que la cebolla se dore. Retírela del horno y sírvala muy caliente.

FOCACCIA PUGLIESE

FOCACCIA APULENSE

FÁCIL

- Preparación: *20 minutos + 1½ horas para leudar*
- Cocción: *25 minutos*
- Calorías por ración: *428*
- *Para 6 personas*

INGREDIENTES

- 1 patata
- 2 cdtas. de levadura seca activa
- 1 cdta. de azúcar
- 250 g de harina de tipo «00»
- 4-5 cdas. de aceite de oliva virgen extra
- 12 tomates cherry
- 1 pizca de orégano seco
- sal

Corte la patata en trozos y cuézala al vapor 15 minutos, hasta que esté tierna. Cháfela hasta obtener un puré y déjelo enfriar.

Disuelva la levadura en un bol con el azúcar en unos 150 ml de agua templada. Tamice la harina en forma de volcán sobre una superficie de trabajo limpia y haga un hueco en el centro. Añada la patata y la levadura disuelta en su interior y mézclelas hasta obtener una masa fina y suave. Pásela a un bol untado con un poco de aceite, cúbrala con film transparente y déjela leudar en un lugar cálido hasta que duplique su tamaño.

Engrase una bandeja de horno de 34 cm con un poco de aceite. Pase la masa a la bandeja, rociela con 2 o 3 cucharadas de aceite y presiónela con las manos hasta que tenga el mismo tamaño que la bandeja. Presione los tomates cherry dentro de la masa y condimente la focaccia con una pizca de orégano y sal. Cúbrala y déjela leudar 1 hora más.

Precaliente el horno a 200 °C. Bata 1 cucharada de agua con 2 cucharadas de aceite y extiéndalo sobre la focaccia con un pincel. Hornee la focaccia 25 minutos.

Consejo: Evite añadir la levadura al mismo tiempo que la sal, ya que esta última interfiere en la fermentación de las enzimas de la levadura si están en contacto directo. Empiece amalgamando la levadura y su líquido con la harina y, una vez bien incorporados, eche la sal.

FOCACCINE ALLA PANCETTA

MINIFOCACCIAS CON PANCETA

FÁCIL

- Preparación: *20 minutos*
- Cocción: *40 minutos*
- Calorías por ración: *502*
- *Para 6 personas*

INGREDIENTES

- ¾ de ración de masa básica de pan (véase pág. 15)
- 1 cda. de aceite de oliva, y un poco más para engrasar y cocinar
- 10 hojas de menta picadas
- 200 g de panceta curada o beicon picados
- 150 g de queso pecorino sardo, joven y semicurado, picado
- 1 yema de huevo ligeramente batida

Precaliente el horno a 180 °C y engrase una bandeja de horno con aceite. Pique finas las hojas de menta e incorpórelas a la masa, trabajándola bien. Caliente 1 cucharada de aceite en una cazuela y fría la panceta a fuego lento hasta que se dore. Escúrrala bien y déjela enfriar. Mézclela con el queso y la yema de huevo, e incorpórelos a la masa. Trabájela bien 10 minutos como mínimo para que los ingredientes estén bien repartidos.

Divida la masa en porciones y, humedeciéndose los dedos con agua, deles forma de pequeñas focaccias de unos 2 cm de grosor. Colóquelas en la bandeja y hornéelas unos 30 minutos.

Consejo: Si dispone de un robot de cocina equipado con un gancho de amasar, puede utilizarlo para mezclar los condimentos con la masa.

FOCACCIA DI RECCO

FOCACCIA AL ESTILO DE RECCO

FÁCIL

- Preparación: *20 minutos*
- Cocción: 15 *minutos*
- Calorías por ración: *333*
- *Para 6 personas*

INGREDIENTES

- ¾ de ración de masa básica de pan (véase pág. 15)
- 1½ cdas. de aceite de oliva, y un poco más para engrasar y pintar
- 300 g de queso crescenza o taleggio en lonchas finas

Precaliente el horno a 250 °C y engrase una bandeja de horno con aceite. Incorpore el aceite a la masa, trabajándola hasta que quede fina y elástica. Divida la masa por la mitad y extiéndala en 2 láminas del mismo grosor. Disponga una lámina en la bandeja y cúbrala con el queso, dejando libre un margen de 2 cm. Coloque la otra lámina encima y pellizque bien los bordes para que el queso no rebose durante la cocción.

Pinche la superficie de la focaccia con un tenedor, píntela con aceite y hornéela 15 minutos. Retírela y sírvala muy caliente.

Consejo: Para que la focaccia no se hinche demasiado durante la cocción, haga unas hendiduras grandes con la yema de los dedos en la capa superior de la masa para que salga el vapor.

FOCACCINE CON SALSA DI FETA

MINIFOCACCIAS CON FETA

FÁCIL

- Preparación: *40 minutos + 40 minutos para leudar*
- Cocción: *10 minutos*
- Calorías por ración: *698*
- *Para 4 personas*

PARA LA FOCACCIA

- 2½ cdtas. de levadura seca activa
- 1 cdta. de azúcar
- 250 g de harina
- 250 g de harina integral
- 2 cdas. de aceite de oliva, y un poco más para engrasar

PARA LA CREMA DE QUESO

- 250 g de queso feta desmenuzado
- leche, la necesaria
- 3 cdas. de aceite de oliva
- 1 pizca de guindilla molida
- 40 g de queso cremoso

Vierta 250 ml de agua templada en un bol y añada la levadura y el azúcar. Déjela fermentar 5 o 6 minutos en un lugar cálido. Tamice los dos tipos de harina en forma de volcán en un bol grande o una superficie de trabajo limpia y haga un hueco en el centro. Vierta la levadura fermentada y el aceite en su interior y mézclelos con las manos, trabajando los ingredientes hasta obtener una masa fina y elástica. Dele forma de bola, póngala en un bol untado con aceite, cúbrala con film transparente y déjela leudar 30 minutos en un lugar cálido.

Precaliente el horno a 250 °C y forre varias bandejas de horno con papel vegetal. Presione la masa con los nudillos para expulsar el aire y divídala en 12 porciones iguales. Deles forma de bola, extiéndalas en círculos de unos 5 mm de grosor y repártalos entre las bandejas. Con un pincel de repostería, humedezca las focaccias con agua y rocíelas con un chorrito de aceite. Déjelas reposar 15 minutos y hornéelas 7 u 8 minutos.

Mientras, prepare la crema de queso. Triture el queso feta con un poco de leche en una batidora y añada el aceite en un hilo sin dejar de batir hasta obtener una crema homogénea y untuosa. Añada la guindilla en polvo y el queso cremoso. Tritúrelos unos minutos más. Sirva las focaccias con la crema de queso como aperitivo.

FOCACCIA ALLA FORMAGGETTA

FOCACCIA CON QUESO

DIFICULTAD MEDIA

- Preparación: *30 minutos + 30 minutos para leudar*
- Cocción: 15-*20 minutos*
- Calorías por ración: *355*
- *Para 6 personas*

INGREDIENTES

- 1 ración de masa básica de pan (véase pág. 15)
- 500 g de queso de Liguria semicurado (formagetta ligure) en lonchas finas
- aceite de oliva, para engrasar y rociar
- sal marina gruesa y sal fina

Precaliente el horno a 200 °C y engrase un molde redondo con aceite. Trabaje la masa unos minutos más, divídala en 2 porciones y extiéndalas sobre una superficie ligeramente enharinada hasta obtener círculos aproximadamente del mismo tamaño que el molde.

Disponga una de las láminas de masa en el molde, reparta el queso y coloque la otra lámina encima. Pellizque los bordes para sellarlos y enróllelos hacia arriba y hacia el centro para formar una especie de cordón (véase pág. 59). Pinche la superficie de la focaccia con un tenedor, cubra el molde con un paño de cocina limpio y déjela reposar 30 minutos más.

Pinte la superficie de la focaccia con aceite y esparza sal gruesa por encima. Hornéela de 15 a 20 minutos, o hasta que se dore por encima. Retírela del horno, pásela a una fuente de servir y sírvala caliente.

FOCACCIA ALLA PANCETTA E PECORINO

FOCACCIA CON PANCETA Y PECORINO

FÁCIL

- Preparación: *15 minutos*
- Cocción: 15 *minutos*
- Calorías por ración: *459*
- *Para 6 personas*

PARA LA FOCACCIA

- ¾ de ración de masa básica de pan (véase pág. 15)
- 10 hojas de salvia picadas finas
- 1 cda. de aceite de oliva, y un poco más para engrasar
- 150 g de queso pecorino sardo rallado
- 1 huevo
- 200 g de panceta curada ahumada en dados
- pimienta

PARA LA ENSALADA:

- 300 g de hojas tiernas de espinacas
- aceite de oliva, al gusto
- vinagre de vino, al gusto
- sal

Precaliente el horno a 220 °C y forre un molde redondo de 25 cm de diámetro con papel vegetal. Incorpore las hojas de salvia a la masa y resérvela.

Caliente el aceite en una sartén y fría la panceta hasta que se empiece a dorar. Escurra el aceite. Mezcle el pecorino con el huevo en un bol, añada la panceta y sazone con pimienta.

Divida la masa por la mitad y extiéndala sobre una superficie de trabajo ligeramente enharinada hasta obtener 2 círculos, uno algo más grande que el otro. Disponga el círculo más grande en el molde de modo que los bordes sobresalgan un poco. Pinche la superficie con un tenedor y extienda la mezcla de queso, huevo y panceta por encima. Cubra el relleno con la otra porción de masa y pellizque los bordes para sellarlos. Pinche de nuevo la superficie con un tenedor y píntela con aceite. Hornee la focaccia 15 minutos.

Mientras, prepare la ensalada. Aliñe las espinacas con aceite, vinagre y sal. Retire la focaccia del horno y déjela reposar unos minutos. Pásela a una fuente y sírvala con la ensalada de espinacas aparte.

FOCACCIA ALLO STRACCHINO

FOCACCIA CON STRACCHINO

DIFICULTAD MEDIA

- Preparación: *15 minutos*
- Cocción: *20 minutos*
- Calorías por ración: *306*
- *Para 6 personas*

INGREDIENTES

- 250 g de harina de tipo «00»
- 1 cda. de aceite de oliva
- 200 g de queso stracchino en lonchas
- sal fina de mesa
- sal marina gruesa

Precaliente el horno a 240 °C y forre una bandeja de horno con papel vegetal. Tamice la harina en forma de volcán sobre una superficie de trabajo limpia y haga un hueco en el centro. Vierta 1 cucharada de aceite en su interior, seguida de una pizca de sal y 100 ml de agua para obtener una masa muy suave. Mezcle los ingredientes con las manos y trabájelos bien hasta obtener una masa suave y elástica. Resérvela.

Divida la masa por la mitad y extienda ambas mitades en círculos muy finos. Disponga una porción en la bandeja, pínchela con un tenedor y cúbrala con las lonchas de queso, dejando libre un margen de 2 cm. Esparza un poco de sal fina por encima y añada la otra porción de masa. Pellizque los bordes para sellarlos. Pinche la superficie con un tenedor, píntela con aceite y presione sal marina dentro de la masa, bien espaciada. Hornee la focaccia de 15 a 20 minutos.

FOCACCIA DI ZUCCA

FOCACCIA DE CALABAZA

DIFICULTAD MEDIA

- Preparación: *30 minutos + 15 minutos para leudar*
- Cocción: *1 hora y 15 minutos*
- Calorías por ración: *277*
- *Para 6 personas*

INGREDIENTES

- 200 g de calabaza pelada y en dados
- 3½ cdtas. de levadura seca activa
- 300 g de harina de tipo «0»
- 2 cucharadas de aceite de oliva, y un poco más para engrasar
- 1 cebolla en rodajas muy finas
- 1-2 cogollos de achicoria roja en juliana
- sal

Ponga a hervir una vaporera y cueza la calabaza de 20 a 30 minutos. Escúrrala bien, póngala en un bol y cháfela con un tenedor hasta obtener un puré. Déjelo enfriar.

Precaliente el horno a 180 °C y engrase un molde cuadrado de 20 cm con aceite. Disuelva la levadura en un poco de agua templada y déjela reposar hasta que espume. Mezcle el puré de calabaza con la harina y añada la levadura fermentada y una pizca de sal. Trabaje bien la masa y déjela leudar 15 minutos.

Mientras, caliente el aceite en una sartén y rehogue la cebolla a fuego lento hasta que esté translúcida. Retírela del aceite y resérvela. Rehogue la achicoria roja a fuego lento en la misma sartén hasta que se marchite.

Extienda la masa en el molde hasta que tenga 1 cm de grosor. Reparta la cebolla y la achicoria rehogadas por encima y hornee la focaccia 45 minutos.

FOCACCIA AL RADICCHIO ROSSO

FOCACCIA CON ACHICORIA ROJA

FÁCIL

- Preparación: *15 minutos + 30 minutos para leudar*
- Cocción: *35 minutos*
- Calorías por ración: *370*
- *Para 6 personas*

INGREDIENTES

- 1 ración de masa básica de pan (véase pág. 15)
- 2 cdas. de aceite de oliva, y un poco más para pintar
- 400 g de achicoria roja en juliana
- 60 g de virutas de queso grana padano
- sal

Trabaje la masa de pan, incorporando el aceite, hasta que esté fina y elástica. Cúbrala con un paño de cocina limpio y déjela leudar 30 minutos.

Precaliente el horno a 200 °C y engrase una bandeja con aceite.

Caliente el aceite en una cazuela y rehogue la achicoria a fuego lento 10 minutos. Sale y reserve.

Forme 2 círculos con la masa, uno ligeramente más grande que el otro. Forre el molde con el círculo más grande, extienda la achicoria por encima y reparta las virutas de queso. Cúbralo con el otro círculo de masa, pellizcando bien los bordes. Pinche la superficie de la focacccia con un tenedor y píntela con aceite.

Hornéela 25 minutos, o hasta que se dore. Retírela del horno y déjela reposar 5 minutos antes de servir.

Consejo: Para obtener virutas perfectas, córtelas con un pelador de verduras; si encuentra, elija mejor un queso grana padano semicurado en vez de curado.

PISCIALANDREA

FOCACCIA CON CEBOLLA, ANCHOAS Y ACEITUNAS NEGRAS

FÁCIL

- Preparación: *15 minutos + 30 minutos para reposar*
- Cocción: *50 minutos*
- Calorías por ración: *518*
- *Para 6 personas*

INGREDIENTES

- 4-5 cdas. de aceite de oliva virgen extra
- 1 diente de ajo majado
- 2 ramitas de tomillo fresco
- 1 hoja de laurel
- 6-7 cebollas amarillas en rodajas finas
- 1 cdta. de azúcar
- 15 filetes de anchoa
- 24 aceitunas negras
- ¾ de ración de masa básica de pan (véase pág. 15)
- sal y pimienta

Caliente el aceite en una sartén y añada el ajo, el tomillo, el laurel, la cebolla y el azúcar. Sale y rehóguelo, tapado, a fuego lento unos 30 minutos, removiendo de vez en cuando, hasta que la cebolla esté tierna. Deseche el ajo, el tomillo y el laurel, pique 6 o 7 filetes de anchoa e incorpórelas hasta que se deshagan.

Precaliente el horno a 220 °C y forre una bandeja de horno de 20 x 30 cm con papel vegetal. Extienda la masa en un rectángulo más bien grueso y páselo a la bandeja. Corte los filetes de anchoa restantes en tiras finas.

Extienda la mezcla de cebolla por encima de la masa, añada las anchoas en forma de enrejado y reparta las aceitunas. Hornee la focaccia 25 minutos, retírela y déjela enfriar. Sírvala fría.

Consejo: Si utiliza masa básica de pan preparada, sáquela del frigorífico 30 minutos antes de extenderla. No la trabaje, simplemente extiéndala directamente con un rodillo para evitar que el gluten se reactive, lo que complicaría la tarea y podría hacer que la masa se encogiera.

TARTAS SALADAS

105 TARTA SALADA

106 CROSTATA SALADA

109 TARTA DE TOMATE A LA MOSTAZA

110 TARTA RÚSTICA CON SPECK

113 TARTA DE RICOTA, SALVIA Y BONIATO

114 TARTALETAS DE SETAS CON QUESO

117 TARTA DE BRÓCOLI

118 TARTA DE CALABACÍN, JAMÓN Y RICOTA

121 TARTA DE HINOJO

122 CROSTATA DE QUESO

125 TARTA DE QUESO A LAS HIERBAS

126 TARTA DE CALABACÍN

129 TARTA AL ESTILO DE TREVISO

130 TARTA DE RÚCULA Y TALEGGIO

133 TARTA DE ACHICORIA Y QUESO

134 TARTA DE COLIFLOR

137 CROSTATA DE PIMIENTOS

138 TARTA DE PUERROS CON JAMÓN

141 TARTA DE ACELGAS Y RICOTA

142 TARTA DE VERDURAS Y MOZZARELLA

145 TARTA DE PUERROS Y TALEGGIO

146 TARTA DE BRESAOLA

149 TARTA DE SALMÓN Y PUERRO

150 TARTA DE VERDURAS CON JAMÓN

153 TARTA DE ARROZ AL ESTILO DE LIGURIA

154 TARTA DE SETAS

157 TARTA TATIN DE PIMIENTOS Y CEBOLLA

158 TARTA TATIN DE ALCACHOFAS

PASO 1

PASO 2

PASO 3

PASO 4

TÉCNICA

TORTA SALATA

TARTA SALADA

FÁCIL

- Preparación: *45 minutos + 1 hora para enfriar*
- Cocción: *55 minutos*
- Calorías por unidad: *492*
- *Para 6 personas*

PARA LA PASTAFLORA

- 200 g de harina
- 100 g de mantequilla fría cortada en dados, y un poco más para engrasar
- sal

PARA EL RELLENO

- 120 g de panceta curada ahumada o beicon en daditos
- 2 huevos, y 2 yemas más
- 150 ml de nata espesa
- 150 ml de leche
- 100 g de gruyer rallado
- 1 pizca de nuez moscada recién rallada
- sal y pimienta

PASO 1

Tamice la harina en forma de volcán en un bol o una superficie de trabajo limpia. Haga un hueco en el centro y añada una pizca de sal y la mantequilla. Frote la mantequilla y la harina con la yema de los dedos hasta obtener una mezcla arenosa. Trabájela deprisa para que los ingredientes no se calienten demasiado.

PASO 2

Vuelva a formar un volcán, haga un hueco en el centro y vierta 3½ cucharadas de agua fría para ligar la masa. Toque la masa lo menos posible para que no se caliente demasiado. (Si la trabajara excesivamente, quedaría dura, seca y correosa.) Aplánela en forma de círculo, envuélvala en film transparente y refrigérela 30 minutos.

PASO 3

Extienda la masa sobre una superficie ligeramente enharinada, levántela con el rodillo y pásela a un molde bajo de 24 cm de diámetro. Presione los lados y la base y recorte la masa sobrante. Refrigere la masa hasta que adquiera consistencia, unos 30 minutos.

PASO 4

Precaliente el horno a 180 °C y caliente una bandeja de horno con reborde. Rehogue la panceta o el beicon en una sartén antiadherente de 5 a 10 minutos, hasta que se dore. Retírela y déjela escurrir sobre papel de cocina. Bata los huevos y las yemas con la nata, la leche y el queso. Sazone con sal, nuez moscada y pimienta. Disponga la panceta o el beicon en la base, vierta la crema de huevo y hornee la tarta en la parte inferior del horno unos 45 minutos. Sírvala caliente o templada.

CROSTATA SALATA

CROSTATA SALADA

FÁCIL

- Preparación: *10 minutos*
- Cocción: *30 minutos*
- Calorías por ración: *474*
- *Para 6 personas*

INGREDIENTES

- 1 ración de pastaflora (véase pág. 105)
- harina, para espolvorear
- 3 huevos
- 2 cdas. de nata espesa
- 2½ cdas. de queso pecorino suave rallado
- 200 g de mozzarella en daditos
- 150 g de jamón cocido en daditos
- 100 g de mortadela en daditos
- sal

Precaliente el horno a 190 °C y forre un molde para tarta de 25 cm de diámetro con papel vegetal.

Extienda la pastaflora sobre una superficie de trabajo ligeramente enharinada hasta obtener un círculo grande y páselo al molde, dejando que sobresalga 1 cm por el borde.

Para preparar el relleno, bata los huevos en un bol, incorpore la nata, el pecorino, la mozarella, el jamón y la mortadela. Sale.

Extienda el relleno sobre la base y doble la masa que sobresale por el borde para que no se salga. Presiónela sobre el relleno con las púas de un tenedor para hacer un borde. Hornee la tarta 30 minutos y déjela reposar unos minutos antes de servir.

TORTA SALATA DI POMODORI ALLA SENAPE

TARTA DE TOMATE A LA MOSTAZA

FÁCIL

- Preparación: *15 minutos + 30 minutos para enfriar*
- Cocción: *40 minutos*
- Calorías por unidad: *380*
- *Para 6 personas*

INGREDIENTES

- 9 tomates madurados en la mata
- ¾ de ración de pastaflora (véase pág. 105)
- 2 cdas. de mostaza de Dijon
- 100 g de gruyer rallado grueso
- 1 cdta. de hierbas provenzales secas
- aceite de oliva virgen extra, para rociar
- sal

Ponga los tomates en un bol refractario, escáldelos con agua hirviendo y déjelos reposar 1 minuto antes de escurrirlos y pelarlos. Séquelos y córtelos en rodajas de unos 5 mm de grosor. Sálelos y déjelos escurrir.

Mientras, precaliente el horno a 200 °C. Extienda la pastaflora en un círculo y forre un molde para tarta de 23 cm de diámetro. Recorte la masa que sobresalga por el borde y pinche la base con un tenedor. Refrigérela unos 30 minutos, hasta que adquiera consistencia. Cúbrala con papel vegetal y coloque varias bolitas de cerámica en la base. Hornéela unos 20 minutos. Retire el papel y las bolitas.

Extienda la mostaza sobre la base de la tarta y esparza el queso de manera uniforme por encima. Disponga las rodajas de tomate, ligeramente solapadas, sobre el queso. Esparza las hierbas provenzales y rocíe todo con un poco de aceite. Hornee la tarta unos 20 minutos, desmóldela y sírvala caliente.

RUSTICA ALLO SPECK

TARTA RÚSTICA CON SPECK

DIFICULTAD MEDIA

- Preparación: *20 minutos + 30 minutos para enfriar*
- Cocción: 30 *minutos*
- Calorías por unidad: *620*
- *Para 6 personas*

INGREDIENTES

- 200 g de queso robiola o queso cremoso
- 100 g de speck (jamón serrano ahumado) picado fino
- 100 g de queso fontina en dados
- 2 huevos, ligeramente batidos, y 1 yema más batida con un poco de agua
- 300 g de pastaflora (véase pág. 105)
- harina, para espolvorear
- 10 hojas de albahaca picadas finas
- sal

Precaliente el horno a 190 °C y forre un molde para tarta de 25 cm de diámetro con papel vegetal. En un bol, mezcle el robiola con el speck, el fontina y los 2 huevos, y resérvelo.

Extienda dos tercios de la masa en un círculo sobre una superficie de trabajo ligeramente enharinada, esparza la albahaca por encima y vuelva a extenderla con el rodillo de modo que quede bien repartida.

Forre el molde con la masa y refrigérela 30 minutos, hasta que adquiera consistencia.

Cubra la base de la tarta con papel vegetal y coloque varias bolitas de cerámica en la base. Hornéela unos 20 minutos. Retire las bolitas y baje la temperatura del horno a 160 °C.

Reparta el relleno sobre la base. Extienda la masa restante sobre una superficie ligeramente enharinada hasta obtener una lámina fina, córtela en tiras y dispóngalas en forma de enrejado sobre el relleno. Pinte las tiras de masa con la yema de huevo.

Hornee la tarta de 25 a 30 minutos. Déjela enfriar unos minutos antes de pasarla a una fuente y sírvala.

Consejo: No pique la albahaca con un cuchillo metálico, se oxidaría y oscurecería. Utilice un cuchillo de cerámica o parta las hojas en trocitos con las manos.

TORTA DI RICOTTA, SALVIA, E PATATA DOLCE

TARTA DE RICOTA, SALVIA Y BONIATO

DIFICULTAD MEDIA

- Preparación: *25 minutos*
- Cocción: *25-30 minutos*
- Calorías por ración: *415*
- *Para 8 personas*

INGREDIENTES

- aceite de oliva, para engrasar
- 1 kg de ricota
- 200 g de parmesano rallado
- 2 huevos
- 100 g de rúcula
- 2 cdas. de perejil picado
- 50 g de hojas de salvia
- 1 boniato en rodajas finas
- 30 g de mantequilla
- sal y pimienta

Precaliente el horno a 160 °C y engrase con aceite un molde cuadrado de 24 cm. Triture la ricota, el parmesano y los huevos en un robot de cocina. Añada la rúcula, el perejil y la mitad de las hojas de salvia y tritúrelos de nuevo.

Vierta la crema de queso en el molde, disponga el boniato por encima, salpimiente y rocíelo con un poco de aceite. Hornee la tarta de 20 a 25 minutos.

Mientras, derrita la mantequilla en un cazo a fuego lento y rehogue las hojas de salvia restantes. Retire la tarta del horno, reparta las hojas de salvia rehogadas por encima y déjela reposar hasta que esté templada. Sírvala a temperatura ambiente.

Consejo: Si no va a servir la tarta enseguida, déjela enfriar un poco antes de llevarla a la mesa. Cúbrala con papel de aluminio y caliéntela sobre una cazuela de agua hirviendo. Añada la mantequilla de salvia justo antes de servir.

TORTINI DI FUNGHI CHIODINI ALLA FONTINA

TARTALETAS DE SETAS CON QUESO

FÁCIL

- Preparación: *1 hora + 24 horas para enfriar*
- Cocción: *40 minutos*
- Calorías por unidad: *431*
- *Para 6 personas*

PARA LA PASTAFLORA

- 250 g de harina
- 175 g de mantequilla
- 1 huevo ligeramente batido
- sal

PARA EL RELLENO

- 4 huevos, y 2 yemas más
- 150 g de leche
- 100 g de nata líquida ligera
- 100 g de parmesano rallado
- 1,2 kg de setas variadas
- 3 hojas de laurel
- 100 ml de vino blanco seco
- 30 g de mantequilla
- 1 chalota picada fina
- 1 ramita de perejil picada
- 150 g de queso fontina en lonchas
- sal y pimienta

Tamice la harina sobre una superficie de trabajo limpia, forme un volcán con un hueco en el centro y añada la mantequilla en su interior. Frote la mantequilla y la harina con la yema de los dedos hasta obtener una mezcla arenosa. Trabájela deprisa para que los ingredientes no se calienten demasiado. Reparta el huevo batido, una pizca de sal y 120 ml de agua fría por encima. Mezcle todo hasta ligar la masa, dele forma de bola y envuélvala en film transparente. Déjela reposar 24 horas en el frigorífico.

Precaliente el horno a 200 °C. Extienda la pastaflora hasta que tenga un grosor de 3 mm y forre un molde para tarta de 25 cm de diámetro o varios moldes individuales de 10 cm de diámetro. Cúbrala con papel de aluminio y coloque varias bolitas de cerámica encima. Hornéela unos 10 minutos. Sáquela del horno y baje la temperatura a 190 °C. Retire el papel y las bolitas.

En una cazuela de fondo grueso o una cazuela de hierro fundido, ponga los huevos, las yemas, la leche, la nata y el queso parmesano. Salpimiente. Cuézalos a fuego lento, batiéndolos constantemente con unas varillas. Cuando adquiera la consistencia de una crema, pásela a un bol y déjela enfriar.

Lleve una olla de agua con sal a ebullición y cueza unos minutos las setas, el laurel y el vino. Escúrralos. Derrita la mantequilla en un cazo, rehogue la chalota a fuego lento y añada las setas. Cuando tomen color, esparza el perejil por encima. Vierta la crema de huevo fría sobre la base de la tarta. Disponga las setas encima y cúbralas con el queso fontina. Hornee la tarta 40 minutos, o hasta que se dore, desmóldela y sírvala.

SCHIACCIATA CON BROCCOLETTI

TARTA DE BRÓCOLI

FÁCIL

- Preparación: *40 minutos + 30 minutos para reposar*
- Cocción: *45 minutos*
- Calorías por ración: *534*
- *Para 6 personas*

INGREDIENTES

- 450 g de harina
- 150 ml de aceite, y un poco más para freír y engrasar
- 1 diente de ajo majado
- 170 g de brócoli picado fino
- 80 g de queso pecorino cortado en virutas
- sal y pimienta

Precaliente el horno a 190 °C y engrase una bandeja de horno con aceite. Tamice la harina en un bol grande, haga un hueco en el centro y vierta el aceite y 60 ml de agua en su interior. Mézclelos con las manos hasta obtener una masa consistente y elástica. Cúbrala con film transparente y déjela reposar unos 30 minutos.

Caliente 2 cucharadas del aceite en una sartén, rehogue el ajo hasta que se dore y deséchelo. Incorpore el brócoli y rehóguelo unos minutos. Rocíelo con 3 cucharadas de agua, salpimiéntelo y cuézalo de 6 a 8 minutos, hasta que se evapore el líquido. Debe quedar al dente (tierno pero consistente).

Divida la masa por la mitad y extiéndala sobre una superficie de trabajo ligeramente enharinada hasta obtener 2 círculos finos, uno algo más grande que el otro. Ponga el más pequeño en la bandeja. Reparta el brócoli por encima, dejando libre un margen de unos 2,5 cm. Esparza las virutas de queso.

Disponga la otra base de masa encima y presione bien los bordes para sellarlos. Pinche la tarta con un tenedor y píntela con aceite. Hornéela 30 minutos, retírela del horno y sírvala caliente.

CROSTATA DI ZUCCHINE, PROSCIUTTO, E RICOTTA

TARTA DE CALABACÍN, JAMÓN Y RICOTA

DIFICULTAD MEDIA

- Preparación: *20 minutos*
- Cocción: *50 minutos-1 hora*
- Calorías por ración: *404*
- *Para 6-8 personas*

INGREDIENTES

- ¾ de ración de pastaflora (véase pág. 105)
- 2 cdas. de aceite de oliva
- 1 cebolla pequeña picada fina
- 3 calabacines en rodajas
- 3 huevos, y 2 yemas más
- 150 g de ricota
- 200 g de jamón cocido picado fino
- 50 g de parmesano rallado
- 1 pizca de nuez moscada recién rallada
- sal y pimienta

Precaliente el horno a 190 °C y forre una bandeja de horno con papel vegetal. Extienda la pastaflora en un círculo de 28 cm de diámetro sobre la bandeja. Refrigérela mientras prepara el relleno.

Caliente el aceite a fuego medio en una sartén. Rehogue la cebolla 5 minutos, añada el calabacín, tape la sartén y rehóguelos de 5 a 10 minutos, o hasta que el calabacín esté translúcido y se empiece a dorar. Cuando esté hecho, destape la sartén, suba el fuego y prosiga con la cocción hasta que se evapore todo el líquido. Páselo a un plato y déjelo enfriar un poco.

Mientras, bata los huevos con 1 yema en un bol grande, añada la ricota y mézclelos bien. Agregue el jamón, el parmesano y la nuez moscada. Remueva y salpimiente.

Reparta la crema de queso por encima de la base, sin comprimirla demasiado y dejando libre un margen de 5 cm. A continuación, cúbrala con una única capa de calabacín. Doble el borde de la base. Bata la yema restante con un poco de agua y pinte con la mezcla el borde. Hornee la tarta de 40 a 45 minutos, desmóldela y déjela reposar unos minutos. Pásela a una fuente y sírvala caliente o a temperatura ambiente.

TORTA DI FINOCCHI

TARTA DE HINOJO

FÁCIL

- Preparación: *30 minutos*
- Cocción: *50 minutos*
- Calorías por ración: *652*
- *Para 6 personas*

INGREDIENTES

- 100 g de mantequilla, y un poco más para engrasar
- 6 bulbos de hinojo picados
- 500 g de masa de hojaldre preparada, descongelada si no fuera fresca
- harina, para espolvorear
- 200 g de queso taleggio en lonchas
- 3 huevos, y 1 yema más
- 175 ml de leche
- sal y pimienta

Precaliente el horno a 180 °C y engrase con mantequilla un molde grande para tarta. Derrita la mantequilla en una cazuela y rehogue el hinojo a fuego medio-lento, removiendo de vez en cuando, de 8 a 10 minutos, hasta que se ablande.

Extienda dos tercios de la masa sobre una superficie de trabajo ligeramente enharinada y forre el molde. Recorte los bordes y píntelos con agua. Reparta el hinojo por encima de la base y cúbralo con las lonchas de queso.

Bata los huevos enteros con la leche en un bol, salpimiente y vierta la mezcla sobre el hinojo y el queso. Extienda la masa restante, colóquela sobre el relleno y presione bien los bordes para sellarlos. Pinte la tarta con yema de huevo batida y hornéela 40 minutos, hasta que se dore bien.

CROSTATA AL FORMAGGIO

CROSTATA DE QUESO

FÁCIL

- Preparación: *30 minutos*
- Cocción: *40 minutos*
- Calorías por ración: *811-540*
- *Para 4-6 personas*

INGREDIENTES

- mantequilla, para engrasar
- 2 huevos
- 120 g de parmesano rallado
- 6 cdas. de aceite de oliva
- 1 pizca de ralladura de limón
- 475 ml de leche
- 200 g de pan rallado seco o pan recién rallado grueso
- 250 ml de nata líquida ligera
- salami en lonchas, para servir
- sal

Precaliente el horno a 180 °C y engrase un molde para tarta de 28 cm con mantequilla o fórrelo con papel vegetal. Bata los huevos en un bol con 100 g del parmesano, 4 cucharadas del aceite, la ralladura de limón y una pizca de sal.

Incorpore la leche poco a poco y añada el pan rallado y la nata. Vierta la mezcla en el molde y rocíela con el resto del aceite.

Hornee la tarta unos 40 minutos. Cuando falten 5 minutos de cocción, esparza el parmesano restante por encima. Retírela del horno y sírvala templada con unas lonchas pequeñas de salami.

TORTA ALLE ERBE PROFUMATE

TARTA DE QUESO A LAS HIERBAS

FÁCIL

- Preparación: *15 minutos + 30 minutos para enfriar*
- Cocción: *30 minutos*
- Calorías por ración: *705*
- *Para 4-6 personas*

INGREDIENTES

- ¾ de ración de pastaflora (véase pág. 105)
- harina, para espolvorear
- 3 huevos, y 1 yema más
- 2 quesos pequeños de cabra
- 2 Petit Suisse o 50 g de queso cremoso
- 250 ml de nata líquida ligera
- 60 g de hierbas aromáticas variadas, como cebollino, estragón, perejil y perifollo, picadas
- sal y pimienta

Precaliente el horno a 200 °C y forre un molde para tarta de 25 cm de diámetro con papel vegetal.

Extienda la pastaflora sobre una superficie de trabajo ligeramente enharinada hasta obtener un círculo y forre el molde. Pínchelo con un tenedor. Refrigérelo unos 30 minutos.

Para preparar el relleno, bata los huevos y la yema con los dos tipos de queso y la nata en un bol. Añada las hierbas picadas y salpimiente.

Saque la base de la tarta del frigorífico, vierta el relleno por encima y hornéela 15 minutos antes de bajar la temperatura a 190 °C y proseguir con la cocción otros 15 minutos. Retire la tarta del horno, déjela reposar 2 minutos, pásela a una fuente y sírvala enseguida.

Consejo: Pique finas las hojas de estragón, perejil y perifollo con un cuchillo, pero corte el cebollino con unas tijeras o un cuchillo muy afilado para que el corte sea limpio.

CROSTATA DI ZUCCHINE

TARTA DE CALABACÍN

FÁCIL

- Preparación: *20 minutos*
- Cocción: *55 minutos*
- Calorías por ración: *420*
- *Para 6 personas*

INGREDIENTES

- 30 g de piñones
- 4-5 cdas. de aceite de oliva virgen extra
- 1 diente de ajo aplastado
- 800 g de calabacines pelados y rallados gruesos
- 1 manojito de albahaca picada
- 200 ml de nata líquida ligera
- 2 huevos ligeramente batidos
- 80 g de parmesano rallado
- 240 g de masa de hojaldre preparada
- 2 cdas. de pan rallado
- sal

Precaliente el horno a 180 °C y forre un molde hondo para tarta de 22 cm de diámetro con papel vegetal. Ponga a remojo los piñones 20 minutos en agua fría. Escúrralos, séquelos y resérvelos.

Caliente el aceite en una sartén y rehogue el ajo a fuego lento. Deséchelo, añada el calabacín, sálelo y sofríalo a fuego vivo de 10 a 15 minutos, hasta que se evapore el líquido. Déjelo enfriar , sale y agregue un puñado de hojas de albahaca picadas, la nata, el huevo y el parmesano. Remueva bien.

Extienda la masa de hojaldre y forre el molde con ella. Esparza el pan rallado por encima y vierta el relleno de calabacín. Esparza los piñones y hornee la tarta unos 40 minutos en la parte inferior del horno. Sírvala templada o fría.

CROSTATA ALLA TREVIGIANA

TARTA AL ESTILO DE TREVISO

FÁCIL

- Preparación: *30 minutos*
  + 30 minutos para enfriar
- Cocción: *50 minutos*
- Calorías por unidad: *616*
- *Para 6 personas*

INGREDIENTES

- 3 cdas. de aceite de oliva
- 2 chalotas picadas finas
- 2 cogollos de achicoria roja picada gruesa
- 450 g de pastaflora (véase pág. 105)
- 200 g de salchichas de cerdo
- 50 ml de vino blanco seco
- 200 g de queso fontina en dados
- 2 huevos
- 100 ml de nata líquida ligera
- sal y pimienta

Forre un molde para tarta redondo de 25 cm con papel vegetal. Caliente el aceite en una sartén y sofría la chalota y la achicoria 2 o 3 minutos a fuego vivo. Sálelas con una pizca de sal.

Extienda la masa sobre una superficie de trabajo ligeramente enharinada hasta que tenga 3 mm de grosor y forre el molde. Pinche la base con un tenedor y refrigérela 30 minutos.

Precaliente el horno a 190 °C. Cubra la base de la tarta con papel vegetal y coloque varias bolitas de cerámica encima. Hornéela unos 20 minutos. Baje la temperatura a 160 °C y retire el papel y las bolitas.

Cueza las salchichas en el vino, diluido con un poco de agua, 3 minutos. Retírelas del fuego, déjelas enfriar, pélelas y desmenúcelas.

Extienda el picadillo sobre la base, seguido del fontina. Bata los huevos con la nata, salpimiente y viértalos por encima de la tarta. Hornéela unos 25 minutos, pásela a una fuente y sírvala.

TORTA ALLA RUCOLA E TALEGGIO

TARTA DE RÚCULA Y TALEGGIO

DIFICULTAD MEDIA

- Preparación: *15 minutos + 1 hora para reposar*
- Cocción: *1 hora*
- Calorías por ración: *592*
- *Para 6 personas*

PARA LA MASA

- 225 g de harina, y un poco más para espolvorear
- 1 cda. de semillas de amapola
- 1 cda. de mejorana picada
- 100 g. de mantequilla fría cortada en dados, y un poco más para engrasar

PARA EL RELLENO

- 30 g de rúcula
- 200 g de queso cremoso
- 200 g de queso taleggio en dados
- 2 cdas. de pan rallado
- 2 huevos
- sal y pimienta

Tamice la harina con una pizca de sal en un bol grande o en una superficie de trabajo, forme un volcán y esparza las semillas de amapola y la mejorana. Frote la mantequilla y la harina con la yema de los dedos. Vierta agua fría hasta obtener una masa suave, dele forma de bola, cúbrala con film transparente y déjela reposar 1 hora.

Precaliente el horno a 190 °C. Engrase con mantequilla un molde para tarta o quiche de 20 cm de diámetro. Sancoche la rúcula unos minutos en agua con sal, escúrrala y estrújela para eliminar el máximo de líquido posible. Pásela a un robot de cocina con los dos tipos de queso, el pan rallado y los huevos. Triture el relleno a baja potencia y salpimiéntelo.

Extienda la masa en una superficie de trabajo ligeramente enharinada y forre el molde. Recorte los bordes y reserve los recortes. Cúbrala con papel vegetal y coloque varias bolitas de cerámica encima. Hornéela en blanco unos 20 minutos y baje la temperatura a 160 °C.

Retire las bolitas y reparta el relleno de rúcula y queso sobre la base. Extienda los recortes de masa con un rodillo, córtelos en tiras finas, pinte los extremos con agua y dispóngalos en forma de enrejado sobre la tarta. Hornéela unos 40 minutos.

ERBAZZONE

TARTA DE ACHICORIA Y QUESO

FÁCIL

- Preparación: *30 minutos*
- Cocción: *55 minutos*
- Calorías por ración: *398*
- *Para 6 personas*

INGREDIENTES

- 1,5 kg de achicoria puntarelle o escarola
- 2 chalotas en rodajas finas
- 2 dientes de ajo
- ¾ de ración de masa básica de pan (véase pág. 15)
- harina, para espolvorear
- aceite de oliva, para engrasar y rociar
- 80 g de parmesano rallado
- sal y pimienta

Precaliente el horno a 200 °C y engrase una bandeja de horno con aceite. Ponga agua a hervir en una cazuela y cueza la achicoria 5 o 6 minutos. Escúrrala y trocéela. Caliente el aceite en una sartén, añada la chalota, sazónela con pimienta y rehóguela a fuego lento. Cuando empiece a tomar color, eche la achicoria y el ajo y salpimiente. Prosiga con la cocción unos 20 minutos.

Extienda la masa en 2 círculos sobre una superficie de trabajo ligeramente enharinada. Ponga un círculo en la bandeja y cúbralo con la mezcla de achicoria. Esparza el parmesano por encima y sazone con pimienta. Cubra el relleno con la otra base de masa y pellizque los bordes para sellarlos. Pinche la tarta con un tenedor y píntela con aceite.

Hornéela 25 minutos, retírela del horno y déjela reposar 5 minutos antes de servirla.

TORTA AL CAVOLFIORE

TARTA DE COLIFLOR

FÁCIL

- Preparación: *20 minutos*
- Cocción: *45 minutos*
- Calorías por ración: *530*
- *Para 4 personas*

INGREDIENTES

- 1 coliflor en ramitos
- 375 g de masa de hojaldre preparada
- harina, para espolvorear
- 1½ cdas. de leche
- 4 huevos ligeramente batidos
- 1 pizca de nuez moscada recién rallada
- 100 g de queso Emmental rallado
- sal y pimienta

Precaliente el horno a 200 °C. Ponga agua con sal a hervir en una olla y cueza la coliflor 10 minutos. Escúrrala y déjela enfriar.

Extienda la masa de hojaldre en un rectángulo fino de 20 x 25 cm sobre una superficie de trabajo ligeramente enharinada, pásela a la bandeja y hornéela de 5 a 10 minutos. Retírela del horno y reparta los ramitos de coliflor por encima. Baje la temperatura del horno a 160°C.

Mezcle la leche, los huevos, la nuez moscada y el queso en un bol y salpimiente. Remueva bien, vierta la mezcla sobre la coliflor y prosiga con la cocción 25 minutos más. Retire la tarta del horno, déjela enfriar, córtela en porciones y sírvala.

Consejo: Para que la coliflor no suelte demasiada agua durante la cocción en el horno, cuézala al vapor. Sepárela en ramitos, póngalos en una vaporera y cuézalos unos 10 minutos, o hasta que estén tiernos.

CROSTATA AI PEPERONI

CROSTATA DE PIMIENTOS

DIFICULTAD MEDIA

- Preparación: *25 minutos*
- Cocción: *30-35 minutos*
- Calorías por ración: *625*
- *Para 6 personas*

INGREDIENTES

- 1⅓ de ración de pastaflora (véase pág. 105)
- 30 g de mantequilla
- 1 chalota picada fina
- 3-4 pimientos rojos despepitados en trocitos
- 100 g de queso provolone
- 3 huevos
- 200 ml de nata espesa
- sal y pimienta

Precaliente el horno a 190 °C y forre un molde bajo de 20 x 25 cm con papel vegetal. Extienda la masa sobre una superficie de trabajo ligeramente enharinada y forre la base y los lados del molde. Recorte la masa que sobre y refrigérela 30 minutos. Cúbrala con papel de aluminio y hornéela 20 minutos. Retire el aluminio, pinche la base con un tenedor y hornéela de 5 a 10 minutos más.

Mientras, derrita la mantequilla en una sartén y añada la chalota y el pimiento, sálelos, tápelos y rehóguelos de 7 a 8 minutos, o hasta que el pimiento esté tierno. Mientras se hace el pimiento, corte el provolone en tiras finas. Bata los huevos en un bol y añada la nata, el provolone y el pimiento. Salpimiente.

Vierta el relleno sobre la base de la tarta y hornéela 25 minutos. Retírela del horno y déjela reposar unos minutos antes de pasarla a una fuente. Sírvala caliente o templada.

TORTA SALATA CON PORRI E PROSCIUTTO

TARTA DE PUERROS CON JAMÓN

FÁCIL

– Preparación: *30 minutos*
– Cocción: *45 minutos*
– Calorías por ración: *605*
– *Para 8-10 personas*

INGREDIENTES

– 400 g de masa de hojaldre preparada
– harina, para espolvorear
– 2 cdas. de aceite de oliva
– 6 puerros en rodajas finas
– 4 huevos
– 100 ml de nata líquida ligera
– 60 g de parmesano rallado
– 60 g de jamón cocido picado
– 1 ramita de perejil picada
– sal

Precaliente el horno a 200 °C. Extienda la masa de hojaldre sobre una superficie de trabajo ligeramente enharinada hasta obtener una lámina fina y forre un molde acanalado para tarta de 23 cm de diámetro. Reserve los recortes para adornar la tarta. Cubra el hojaldre con papel de aluminio y coloque varias bolitas de cerámica encima. Hornee unos 15 minutos. Retire el papel y las bolitas. Baje la temperatura a 180 °C y prosiga con la cocción 5 minutos más.

Caliente el aceite en una sartén, añada los puerros, rocíelos con 3 cucharadas de agua y rehóguelos 15 minutos a fuego lento. Retírelos del fuego y deje que se enfríen.

Bata los huevos con la nata en un bol y añada el queso parmesano y una pizca de sal. Incorpore los puerros, el jamón y el perejil. Mézclelo todo bien y viértalo sobre la base de hojaldre. Doble los bordes hacia el centro. Corte los recortes de hojaldre en forma de rombo y dispóngalos sobre la tarta. Hornéela unos 25 minutos, desmóldela y déjela reposar varios minutos antes de servirla.

Consejo: Hornee la tarta en la parte inferior de un horno de convección. Como desprende más calor por abajo, la base se cocerá de manera uniforme aunque esté en contacto con un relleno húmedo.

TORTA DI BIETOLINE E RICOTTA

TARTA DE ACELGAS Y RICOTA

FÁCIL

- Preparación: *20 minutos + 30 minutos para enfriar*
- Cocción: *35 minutos*
- Calorías por unidad: *360*
- *Para 8 personas*

PARA LA PASTAFLORA

- 500 g de harina, y un poco más para espolvorear
- 2 cdas. de aceite de oliva, y un poco más para untar
- ½ cdta. de sal

PARA EL RELLENO

- 625 g de acelgas o espinacas tiernas
- 250 g de ricota
- 120 g de parmesano rallado
- 1 cebolla picada fina
- 1 huevo ligeramente batido
- sal y pimienta

Ponga las acelgas o las espinacas en un bol de agua con sal y déjelas en remojo 30 minutos.

Para preparar la masa, tamice la harina en un bol, forme un volcán con un hueco en el centro y añada el aceite, la sal y 250 ml de agua. Trabaje los ingredientes con las manos para ligar la masa, dele forma de bola y envuélvala en film transparente. Refrigérela 30 minutos.

Precaliente el horno a 180 °C y forre un molde de 20 x 30 cm con papel vegetal. Extienda la masa en una lámina fina sobre una superficie de trabajo ligeramente enharinada, córtela en 2 rectángulos de 25 x 35 cm y forre el molde con uno de ellos.

Para preparar el relleno, escurra y estruje bien las acelgas o las espinacas, córtelas en trozos grandes y mézclelas con la ricota, el parmesano, la cebolla y el huevo. Salpimiente. Extienda el relleno sobre la base de tarta y cúbralo con el otro rectángulo de masa.

Unte la tarta con abundante aceite. Hornéela unos 35 minutos. Retírela del horno, déjela reposar 5 minutos y sírvala.

TORTA CON VERDURE MISTE E MOZZARELLA

TARTA DE VERDURAS Y MOZZARELLA

DIFICULTAD MEDIA

- Preparación: *20 minutos + 30 minutos para enfriar*
- Cocción: *35 minutos*
- Calorías por ración: *618*
- *Para 4 personas*

INGREDIENTES

- 3 cdas. de aceite de oliva, y un poco más para rociar
- 2 berenjenas largas pequeñas en dados
- 3 calabacines en rodajas
- 2 cebolletas en rodajas muy finas
- 250 g de masa de hojaldre preparada
- 200 g de mozzarella en dados
- sal y pimienta

Precaliente el horno a 220 °C. Caliente el aceite en una sartén y añada la berenjena y el calabacín. Rehóguelos unos 10 minutos. Agregue la cebolleta, rehóguelos otros 5 minutos y salpimiente.

Extienda la masa de hojaldre en un círculo sobre una superficie de trabajo ligeramente enharinada y forre con él un molde para tarta de 25 cm de diámetro. Presione los lados y la base y recorte la masa sobrante. Refrigérela hasta que adquiera consistencia, unos 30 minutos.

Pinche la masa con un tenedor, rellénela con las verduras y rocíela con un chorrito de aceite. Esparza la mozzarella por encima. Hornee la tarta 20 minutos. Retírela del horno, déjela reposar 2 minutos y pásela a una fuente. Sírvala.

Consejo: Para un relleno más suave y delicado, pele las berenjenas con un pelapatatas antes de cortarlas en dados

TORTA CON PORRI E TALEGGIO

TARTA DE PUERROS Y TALEGGIO

FÁCIL

- Preparación: *25 minutos, más 30 minutos para enfriar*
- Cocción: *50 minutos*
- Calorías por ración: *409*
- *Para 6 personas*

INGREDIENTES

- ¾ de ración de pastaflora (véase pág. 105)
- harina, para espolvorea
- 60 g de mantequilla
- 400 g de puerros, solo la parte blanca y verde claro, en rodajas finas
- 1 huevo, y 1 yema más
- 120 ml de nata espesa
- 50 g de parmesano rallado
- 150 g de queso taleggio sin la corteza y en dados
- sal y pimienta

Precaliente el horno a 190 °C y ponga una bandeja en la parte central. Extienda la pastaflora sobre una superficie de trabajo ligeramente enharinada en un círculo y forre la base y los lados de un molde para tarta de 23 cm de diámetro. Refrigérela unos 30 minutos, o hasta que adquiera consistencia.

Para preparar el relleno, derrita la mantequilla en una cazuela, añada el puerro, tápelo y rehóguelo 10 minutos a fuego medio. Destape la cazuela y prosiga con la cocción 5 minutos más a fuego medio-lento, hasta que esté tierno. Remueva de vez en cuando. Retire la cazuela del fuego y deje enfriar el puerro en un plato.

En un bol, bata el huevo con la yema, la nata y el parmesano. Salpimiente.

Saque la masa del frigorífico, cúbrala con papel vegetal y coloque varias bolitas de cerámica encima. Hornéela unos 20 minutos. Baje el fuego a 160 °C y hornéela 25 minutos más. Retire el papel y las bolitas.

Extienda el puerro sobre la base de la tarta, esparza el taleggio por encima y vierta la crema de huevo. Retire la tarta del horno, déjela reposar unos minutos y pásela a una fuente. Sírvala templada o a temperatura ambiente.

TORTA DI BRESAOLA

TARTA DE BRESAOLA

FÁCIL

- Preparación: *30 minutos*
- Cocción: *50 minutos*
- Calorías por ración: *494*
- *Para 6 personas*

INGREDIENTES

- mantequilla, para engrasar
- harina, para espolvorear
- 300 g de masa de hojaldre preparada
- 3 cdas. de aceite de oliva
- 1 diente de ajo aplastado
- 2 calabacines en rodajas
- 1 ramita de perejil picada
- 2 huevos
- 100 g de nata líquida ligera
- 3 cdas. de pan recién rallado
- 150 g de bresaola picada
- 1 cda. de piñones
- sal y pimienta

Precaliente el horno a 180 °C y engrase y enharine un molde redondo de 23 cm de diámetro. Extienda la masa de hojaldre sobre una superficie de trabajo ligeramente enharinada y forre el molde hasta los bordes. Cúbrala con papel vegetal y coloque varias bolitas de cerámica encima. Hornéela unos 20 minutos. Retire el papel y las bolitas.

Caliente 2 cucharadas del aceite en una sartén, rehogue el ajo a fuego lento hasta que se dore, deséchelo y añada el calabacín. Rehóguelo 15 minutos. Retírelo del fuego y eche el perejil. Bata los huevos y la nata en un bol y salpimiente. Caliente el aceite restante en una sartén y rehogue el pan rallado hasta que se dore ligeramente.

Retire las bolitas y el papel y esparza el pan rallado. Disponga capas alternas de bresaola, calabacín y piñones. Vierta la crema de huevo y prosiga con la cocción otros 20 minutos más.

CROSTATA AL SALMONE E PORRI

TARTA DE SALMÓN Y PUERRO

DIFICULTAD MEDIA

- Preparación: *40 minutos + 30 minutos para enfriar*
- Cocción: *35 minutos*
- Calorías por ración: *614*
- *Para 4 personas*

PARA LA MASA

- 100 g de mantequilla a punto de pomada
- 200 g de harina

PARA EL RELLENO

- 3 huevos
- 200 ml de leche
- 1 pizca de nuez moscada recién rallada
- 2 cdas. de aceite de oliva
- 1 puerro, solo la parte blanca, en rodajas
- 100 g de salmón ahumado picado fino
- sal y pimienta blanca recién molida
- hojas de ensalada variada, para servir

Ponga la mantequilla en un bol, tamice la harina y mézclelas con las manos hasta obtener una masa fina y compacta. Refrigérela 30 minutos.

Precaliente el horno a 180 °C. Extienda la masa en un círculo sobre una superficie de trabajo ligeramente enharinada y forre un molde para tarta de 20 cm de diámetro. Cúbrala con papel vegetal y coloque varias bolitas de cerámica encima. Hornéela unos 20 minutos. Retire el papel y las bolitas.

Bata los huevos con la leche en un bol y añada una pizca de nuez moscada. Salpimiente y resérvelos.

Caliente el aceite en una sartén y rehogue el puerro a fuego lento 10 minutos. Salpimiente y retírelo del fuego. Déjelo enfriar y extiéndalo sobre la base de tarta. Esparza el salmón y vierta los huevos batidos por encima. Hornee la tarta 25 minutos. Retírela del horno, déjela enfriar y sírvala con ensalada verde.

Consejo: A veces los puerros acumulan restos de tierra entre las hojas. Para limpiarlos bien, retire la parte verde, haga una incisión en forma de cruz en el lado opuesto a la raíz y lávelos varias veces bajo un chorro de agua fría.

TORTA DI VERDURE CON PROSCIUTTO CRUDO

TARTA DE VERDURAS CON JAMÓN

FÁCIL

- Preparación: *30 minutos + 1 hora para enfriar*
- Cocción: *1 hora*
- Calorías por unidad: *485*
- *Para 8 personas*

PARA LA MASA

- 300 g de harina, y un poco más para espolvorear
- 100 g de mantequilla en dados, y un poco más para engrasar
- 75 ml de leche fría
- 1 pizca de sal

PARA EL RELLENO

- 200 g de mozzarella en lonchas finas
- 150 g de jamón de Parma o jamón serrano, sin la grasa y en lonchas finas
- 60 g de queso taleggio rallado
- 300 g de espinacas cocidas, estrujadas para eliminar el agua y picadas
- 150 g de guisantes cocidos
- 2 huevos ligeramente batidos, y 1 yema más
- sal y pimienta

Tamice la harina con una pizca de sal en un bol grande y añada la mantequilla. Frote la mantequilla y la harina con la yema de los dedos hasta obtener una mezcla arenosa. Haga un hueco en el centro y vierta la leche fría necesaria para obtener una mezcla homogénea. Trabaje la masa y dele forma de bola. Envuélvala en film transparente y refrigérela 1 hora como mínimo.

Precaliente el horno a 180 °C y engrase y enharine un molde redondo de 28 cm de diámetro. Extienda un poco más de la mitad de la masa en forma de círculo sobre una superficie de trabajo ligeramente enharinada y forre el molde con ella. Pinche la base con un tenedor.

Disponga una capa de mozzarella encima, seguida de otra de jamón y una tercera de la mozzarella restante; añada 2 o 3 cucharadas de queso rallado y un poco de pimienta entre cada capa. Haga una última capa con las espinacas y los guisantes. Vierta los huevos batidos y esparza 4 cucharadas de queso rallado por encima. Salpimiente.

Extienda la masa restante en forma de círculo, cubra el relleno con ella y presione bien los bordes. Bata la yema de huevo con 1 cucharada de agua. Pinche la tarta con un tenedor y píntela con la yema. Hornéela alrededor de 1 hora.

Consejo: Antes de añadir la mozzarella, deje escurrir las lonchas sobre papel de cocina, cúbralas con otra hoja de papel y presiónelas con suavidad para que suelten todo el suero.

TORTA DI RISO LIGURE

TARTA DE ARROZ AL ESTILO DE LIGURIA

DIFICULTAD MEDIA

- Preparación: *15 minutos + 30 minutos para reposar*
- Cocción: *50 minutos*
- Calorías por unidad: *465-349*
- *Para 6-8 personas*

INGREDIENTES

- 250 g de harina
- 2 cdas. de aceite de oliva
- ½ cdta. de sal
- 1 litro de leche
- 300 g de arroz integral para risotto
- 200 g de queso stracchino o taleggio picado
- 3 cdas. de parmesano rallado
- 1 pizca de nuez moscada rallada
- 2 huevos
- unas ramitas de tomillo fresco, para adornar
- pimienta

Tamice la harina en forma de volcán en una superficie de trabajo limpia o un bol grande, haga un hueco en el centro y añada 120 ml de agua templada, el aceite y la sal. Mezcle los ingredientes con las manos hasta obtener una masa suave y fina. Envuélvala en film transparente y déjela reposar 30 minutos.

Lleve la leche a ebullición con una pizca de sal, eche el arroz y cuézalo según las indicaciones del envase. Escurra el arroz en un colador sobre un bol, reservando el líquido de cocción.

Precaliente el horno a 190 °C y forre un molde para tarta de 24 cm de diámetro con papel vegetal.

Ponga el arroz en un bol grande y vierta 150 ml del líquido de cocción reservado, el stracchino y el parmesano. Salpimiente y añada una pizca de nuez moscada. Bata los huevos e incorpórelos al arroz.

Extienda la masa en un círculo fino y forre la base y las paredes del molde con ella. Rellénela con el arroz y doble los bordes. Hornee la tarta de 35 a 40 minutos, o hasta que cuaje por el centro. Sírvala templada o fría, adornada con unas hojas de tomillo.

SFOGLIATA AI FUNGHI

TARTA DE SETAS

FÁCIL

- Preparación: *20 minutos*
- Cocción: *40-45 minutos*
- Calorías por unidad: *563*
- Para 4 personas

INGREDIENTES

- 225 g de masa de hojaldre preparada
- harina, para espolvorear
- 3 cdas. de aceite de oliva
- 1 diente de ajo aplastado
- 500 g de setas variadas
- 2 cdas. de perifollo picado o estragón
- 50 g de pan recién rallado
- 150 ml de bechamel
- 30 g de parmesano rallado
- sal y pimienta

Precaliente el horno a 220 °C y forre un molde para tarta de 24 cm con papel vegetal. Extienda la masa de hojaldre en forma de círculo sobre una superficie ligeramente enharinada, pásela al molde y pinche la base con un tenedor. Refrigérela mientras prepara el relleno.

Caliente el aceite en una sartén y sofría el ajo hasta que se empiece a dorar. Deséchelo. Eche las setas y sofríalas a fuego medio-vivo 15 minutos, o hasta que se sequen y se empiecen a dorar. Salpimiéntelas, retírelas del fuego y resérvelas. Triture el perifollo o el estragón con el pan rallado en el robot de cocina.

Mientras, caliente la bechamel a fuego lento en un cazo, incorpore el parmesano y salpimiente. Retírela del fuego.

Saque el hojaldre del frigorífico y esparza el pan rallado condimentado por encima. Añada las setas y vierta la bechamel poco a poco para naparlas bien. Hornee la tarta de 20 a 25 minutos. Retírela y pásela a una fuente para servir.

TORTA CAPOVOLTA AGRODOLCE DI PEPERONI E CIPOLLE

TARTA TATIN DE PIMIENTOS Y CEBOLLA

DIFICULTAD MEDIA

- Preparación: 40 minutos
- Cocción: *30-40 minutos*
- Calorías por unidad: *166*
- *Para 8 personas*

INGREDIENTES

- 2 pimientos rojos cortados por la mitad y despepitados
- 2 pimientos amarillos cortados por la mitad y despepitados
- 1 cebolla amarilla grande en rodajas de 5 mm
- aceite de oliva, para rociar
- 1 cda. de azúcar
- 75 ml de vinagre de vino blanco
- 10 hojas de menta fresca picadas
- 250 g de masa de hojaldre preparada
- harina, para espolvorear
- sal y pimienta

Precaliente el horno a 200 °C. Forre una bandeja de horno con papel vegetal y ponga los pimientos. Añada la cebolla, rocíe todo con un chorrito de aceite y ase unos 10 minutos.

Reserve la cebolla. Coloque los pimientos entre 2 platos, déjelos enfriar unos 10 minutos, pélelos y córtelos en tiras. Baje la temperatura del horno a 180 °C.

Disuelva el azúcar con el vinagre y 2 cucharadas de agua en un molde para tarta antiadherente de 28 cm de diámetro y cuézalo a fuego medio unos minutos, removiendo a menudo, hasta obtener un jarabe espeso.

Retire el molde del fuego e inclínelo con cuidado para que el jarabe cubra bien las paredes. Coloque capas alternas de pimiento amarillo y rojo hasta que quede completamente cubierto. Salpimiente, esparza las hojas de menta por encima y añada la cebolla. Salpimiente de nuevo.

Extienda la masa de hojaldre en un círculo fino sobre una superficie de trabajo enharinada, póngala sobre la cebolla y doble el borde. Pinche la tarta con un tenedor y hornéela de 20 a 30 minutos, o hasta que se dore. Desmóldela y sírvala caliente o templada.

TORTA CAPOVOLTA AI CARCIOFI

TARTA TATIN DE ALCACHOFAS

FÁCIL

- Preparación: *30 minutos*
- Cocción: *1 hora*
- Calorías por ración: *300*
- *Para 6 personas*

INGREDIENTES

- 2 cdas. de aceite de oliva
- 1 diente de ajo picado fino
- 3 tomates en dados
- 1 bulbo de hinojo en dados
- 2 chalotas en dados
- 6 corazones de alcachofa
- 1-2 cdas. de tapenade
- 250 g de masa de hojaldre preparada
- 50 g de parmesano rallado
- sal y pimienta

Precaliente el horno a 180 °C. Caliente el aceite en una cazuela y añada el ajo, el tomate, el hinojo y la chalota. Salpimiente y rehóguelos 20 minutos a fuego lento. Cueza los corazones de alcachofa 10 minutos en agua con sal hasta que estén tiernos y escúrralos bien.

Disponga las alcachofas en un molde redondo o una bandeja de horno antiadherente, dejando un pequeño margen alrededor del borde. Reparta la tapenade por encima. Añada la mezcla de tomate e hinojo rehogada y esparza el parmesano por encima.

Extienda la masa de hojaldre sobre una superficie de trabajo ligeramente enharinada hasta obtener un círculo algo más grande que el molde. Colóquelo encima de las verduras, doblando los bordes para sellarlos.

Hornee la tarta unos 30 minutos. Desmóldela en una fuente mientras esté caliente y sírvala al revés.

STRUDELS

163 STRUDEL DE RICOTA, PIMIENTO Y ACEITUNAS

164 STRUDEL DE VERDURAS

167 STRUDEL DE ZANAHORIA Y CALABACÍN

168 ROLLITOS DE ESPÁRRAGOS

171 STRUDEL DE ALCACHOFAS Y CALABACÍN

172 TARTA DE PASCUA

PASO 1

PASO 2

PASO 3

PASO 4

TORTA ARROTOLATA CON RICOTTA, PEPERONI E OLIVE

STRUDEL DE RICOTA, PIMIENTO Y ACEITUNAS

DIFICULTAD MEDIA

- Preparación: *30 minutos + 1 hora para reposar*
- Cocción: *40 minutos*
- Calorías por unidad: *483*
- *Para 6 personas*

- 200 g de harina
- 2 cdas. de aceite de oliva virgen extra
- 30 g de mantequilla
- 1 diente de ajo pelado
- 30 g de pan recién rallado
- 4 ramitas de tomillo fresco, con las hojas picadas
- 300 g de ricota
- 3 pimientos asados en salmuera cortados en tiras finas
- 120 g de aceitunas negras deshuesadas
- 20 g de queso pecorino romano rallado
- sal

PASO 1

Ponga la harina en un bol, añada un poco de sal y el aceite, rocíelo con 120 ml de agua templada y mezcle los ingredientes hasta obtener una masa suave y fina. Envuélvala en film transparente y déjela reposar 1 hora. Precaliente el horno a 220 °C. Derrita dos tercios de la mantequilla en un cazo y rehogue el ajo a fuego lento. Añada el pan rallado y dórelo, removiendo a menudo. Retire y deseche el ajo y agregue el tomillo.

PASO 2

Extienda la masa del strudel sobre una superficie de trabajo ligeramente enharinada, pásela a una hoja grande de papel vegetal y extiéndala de nuevo hasta que quede muy fina y casi transparente. Esparza el pan rallado condimentado por encima, dejando libre el borde.

PASO 3

Desmenuce la ricota por encima de la masa y añada el pimiento, las aceitunas y el pecorino, dejando libre el borde. Doble los bordes más largos de la masa hacia dentro y, ayudándose del papel, enróllela sobre el relleno.

PASO 4

Hornee el strudel 45 minutos y sírvalo templado.

TORTA ARROTOLATA DELL'ORTO

STRUDEL DE VERDURAS

FÁCIL

- Preparación: *30 minutos*
- Cocción: *1 hora*
- Calorías por ración: *338*
- *Para 8 personas*

INGREDIENTES

- 80 g de mantequilla, y 1 cda. más derretida
- 1 diente de ajo aplastado
- 300 g de guisantes escaldados
- 300 g de judías verdes tiernas muy finas, en rodajas finas y escaldadas
- 300 g de espárragos en rodajas finas y escaldados
- 300 g de corazones de alcachofa en rodajas finas y escaldados
- 3 zanahorias en rodajas finas y escaldadas
- 200 g de patatas huevas en rodajas finas y escaldadas
- 4 cdas. de nata espesa
- 250 g de masa de hojaldre preparada
- 1 yema de huevo batida con un poco de agua
- sal y pimienta

Precaliente el horno a 180 °C. Caliente 80 g de la mantequilla en una sartén, saltee el ajo y deséchelo. Añada todas las verduras escaldadas y saltéelas unos minutos. Salpimiente e incorpore la nata.

Extienda la masa de hojaldre en una lámina rectangular fina sobre una superficie de trabajo ligeramente enharinada. Dejando libre un margen de 1 cm, pinte la masa con la mantequilla restante derretida y coloque las verduras por encima. Enrolle el hojaldre sobre el relleno. Pellizque los extremos para sellarlos, pinte el strudel con la yema de huevo y hornéelo 30 minutos. Sírvalo templado, cortado en rodajas.

TORTA ARROTOLATA DI CAROTE E ZUCCHINE

STRUDEL DE ZANAHORIA Y CALABACÍN

DIFICULTAD MEDIA

- Preparación: *25 minutos*
- Cocción: *1 hora*
- Calorías por unidad: *409*
- *Para 6 personas*

INGREDIENTES

- 4 cdas. de aceite de oliva
- 1 chalota picada fina
- 600 g de zanahorias en rodajas finas
- 1 diente de ajo aplastado
- 2 calabacines en dados
- 250 g de masa de hojaldre preparada
- harina, para espolvorear
- 40 g de queso fontina en tiras
- 60 g de parmesano rallado
- 60 g de gruyer en lonchas finas
- 1 yema de huevo ligeramente batida con un poco de agua
- sal y pimienta

Precaliente el horno a 190 °C y forre una bandeja de horno con papel vegetal. Caliente 2 cucharadas del aceite en una sartén, rehogue la chalota hasta que esté translúcida y añada la zanahoria. Siga rehogando, removiendo, 5 minutos. Eche una pizca de sal, prosiga con la cocción otros 5 minutos y retire del fuego.

Caliente las 2 cucharadas de aceite restantes en una sartén aparte. Rehogue el ajo hasta que se empiece a dorar y deséchelo. Añada el calabacín, salpimiente y rehóguelo 10 minutos.

Mientras, extienda la masa de hojaldre en un rectángulo sobre una superficie de trabajo ligeramente enharinada y esparza el queso fontina por encima, dejando libre un margen de 2 cm. Añada la zanahoria y la mitad del parmesano y termine con una capa de calabacín. Disponga las lonchas de gruyer encima y esparza el parmesano restante.

Con cuidado, enrolle el hojaldre sobre el relleno, píntelo con la yema de huevo y póngalo en la bandeja. Hornee el strudel unos 40 minutos, o hasta que se dore bien. Retírelo del horno y sírvalo templado en una fuente, cortado en rodajas.

ASPARAGI ARROTOLATI

ROLLITOS DE ESPÁRRAGOS

FÁCIL

- Preparación: *40 minutos*
- Cocción: *30 minutos*
- Calorías por ración: *534*
- *Para 4 personas*

INGREDIENTES

- 300 g de masa de hojaldre preparada
- harina, para espolvorear
- 500 g de espárragos
- 40 g de mantequilla derretida
- 1 cda. de parmesano rallado
- 4 lonchas de jamón de Parma de 50 g
- 4 lonchas de queso fontina de 100 g

Precaliente el horno a 220 °C. Extienda la masa de hojaldre sobre una superficie de trabajo ligeramente enharinada y córtela en 4 cuadrados de 15 cm.

Cueza los espárragos al vapor 12 minutos, hasta que estén tiernos. Escúrralos bien y dispóngalos en una sola capa en una fuente. Reparta la mantequilla y el parmesano por encima. Divida los espárragos en 4 manojos y envuelva cada manojo primero en una loncha de jamón y después en una loncha de fontina. Coloque cada manojo sobre una porción de hojaldre y envuélvalos dejando que las puntas de los espárragos sobresalgan un poco.

Pase los rollitos a una bandeja de horno forrada con papel de aluminio y hornéelos 15 minutos, hasta que se doren bien.

Consejo: Antes de hornear los rollitos, cubra las puntas de los espárragos con papel de aluminio para que no se sequen y pierdan color durante la cocción.

TORTA ARROTOLATA DI CARCIOFI E ZUCCHINE

STRUDEL DE ALCACHOFAS Y CALABACÍN

DIFICULTAD MEDIA

- Preparación: *40 minutos*
- Cocción: *1 hora y 20 minutos*
- Calorías por ración: *411*
- *Para 6 personas*

PARA EL STRUDEL

- 4 cdas. de aceite de oliva
- 1 diente de ajo aplastado
- 4 alcachofas tiernas limpias y cortadas en láminas
- 2 calabacines limpios y cortados en dados
- 50 ml de caldo de verduras
- 1 pizca de macis (opcional)
- 200 g de ricota
- 250 g de masa de hojaldre preparada
- harina, para espolvorear
- 1 huevo ligeramente batido
- 1 cda. de semillas de sésamo
- sal y pimienta

PARA LA SALSA

- 30 g de mantequilla
- 30 g de harina
- 500 ml de caldo de verduras, caliente
- 10 g de boletos deshidratados remojados
- 15 g de perejil picado fino
- sal y pimienta

Precaliente el horno a 190 °C y forre una bandeja de horno con papel vegetal. Caliente el aceite en una cazuela de hierro fundido, rehogue el ajo hasta que se empiece a dorar y deséchelo. Eche las alcachofas y sofríalas a fuego vivo 5 minutos. Añada el calabacín, el caldo y, si lo desea, el macis. Salpimiente y cueza todo 10 minutos. Incorpore la ricota y retire del fuego.

Extienda la masa de hojaldre en un rectángulo grande sobre una superficie de trabajo ligeramente enharinada. Extienda la mezcla de verduras con ricota sobre el hojaldre y enróllelo para formar el strudel.

Mezcle el huevo batido con un poco de agua y pinte la superficie. Esparza las semillas de sésamo por encima y márquelo con unos cortes al bies con un cuchillo afilado pequeño antes de ponerlo en la bandeja. Hornéelo de 40 a 45 minutos, retírelo del horno y déjelo que se enfríe ligeramente.

Mientras, prepare la salsa. Derrita la mantequilla en una cazuela, vierta la harina y remueva bien. Sin dejar de remover con unas varillas, vierta el caldo caliente en un hilo. Escurra bien los boletos, agréguelos y cuézalos, removiendo, 20 minutos. Salpimiente y añada el perejil. Sirva el strudel cortado en rodajas en platos individuales con 1 o 2 cucharadas de la salsa muy caliente al lado.

TORTA PASQUALINA

TARTA DE PASCUA

DIFICULTAD MEDIA

- Preparación: 1 hora
- Cocción: *1 hora*
- Calorías por ración: *319*
- *Para 8-10 personas*

INGREDIENTES

- mantequilla, para engrasar
- aceite de oliva, para untar
- 300 g de remolacha picada
- 300 g de ricota
- 2 cdas. de parmesano rallado
- 2 cdas. de pan rallado
- 8 huevos, 4 de ellos ligeramente batidos
- 60 ml de nata líquida ligera
- 1 ramita de mejorana fresca picada
- 400 g de masa de hojaldre preparada
- harina, para espolvorear
- sal y pimienta

Precaliente el horno a 200 °C y engrase una bandeja de horno con mantequilla. Pase la ricota por un colador sobre un bol y mézclela con el parmesano, el pan rallado, los 4 huevos batidos y la nata. Salpimiente. Añada la remolacha y, por último, la mejorana picada.

Divida la masa de hojaldre por la mitad y, sobre una superficie de trabajo ligeramente enharinada, extienda una porción en un círculo de 25 cm de diámetro y unos 6 mm de grosor. Forre con ella un molde para tarta de 18 cm, creando un borde con la masa alrededor de la tarta, y píntela con aceite. Disponga el segundo círculo encima y vierta la mitad del relleno de remolacha. Haga 4 hendiduras en el relleno y casque un huevo en cada una. Salpimiente.

Extienda el relleno restante por encima y alíselo con un cuchillo húmedo hasta que esté uniforme. Extienda la masa de hojaldre restante en un círculo de 20 cm de diámetro y unos 6 mm de grosor. Colóquelo sobre el relleno, presione bien alrededor del borde y dóblelo para sellarlo. Pinche la tarta con un tenedor y hornéela unos 30 minutos. Cúbrala con papel de aluminio y hornéela 30 minutos más.

Retire la tarta del horno, déjela reposar 10 minutos y pásela a una fuente. Se puede servir templada o fría.

ÍNDICE

A

ACEITUNAS
- focaccia con aceitunas 71
- focaccia con cebolla, anchoas y aceitunas 100
- pizza cuatro estaciones 41
- pizza genovesa 34
- pizza rellena de escarola 50
- strudel de ricota, pimiento y aceitunas 163

ACHICORIA
- focaccia de calabaza 96
- tarta al estilo de Treviso 129
- tarta de achicoria y queso 133

agua 11

ALCACHOFAS
- pizza cuatro estaciones 41
- strudel de alcachofas y calabacín 171
- tarta *tatin* de alcachofas 158

ANCHOAS
- focaccia con cebolla, anchoas y aceitunas 100
- pizza cuatro estaciones 41
- pizza genovesa 34

asparagi arrotolati 168

B

BONIATO
- tarta de ricota, salvia y boniato 113

C

CALABACINES
- pizza de boletos y flores de calabacín rellenas 46
- strudel de alcachofas y calabacín 171
- strudel de zanahoria y calabacín 167
- tarta de bresaola 146
- tarta de calabacín, jamón y ricota 118
- tarta de calabacín 126

calzoncelli 59

CALZONE 8, 54-63
- calzone de verduras 60
- calzone relleno 57
- calzone a la turca 63

calzone farcito 57
calzone vegetariano 60
calzoni alla turca 63

CEBOLLA
- focaccia con cebolla 80
- focaccia con cebolla, anchoas y aceitunas 100
- pizza genovesa 34
- tarta *tatin* de pimientos y cebolla 157

cortador de pizza 13
crostata ai peperoni 137
crostata al formaggio 122
crostata al salmone e porri 149
crostata alla trevigiana 129
crostata de queso 122
crostata di zucchine 126
crostata di zucchine, prosciutto, e ricotta 118
crostata salata 106
cuchillos 13

E

erbazzone 133

ESCAROLA
- calzone de verduras 60
- focaccia con escarola 75
- pizza rellena de bacalao 42
- pizza rellena de escarola 50

espátulas 12

F

FOCACCIA 8, 64-101
- focaccia a las hierbas 72
- focaccia al estilo de Recco 87
- focaccia al romero 68
- focaccia apulense 83
- focaccia con aceitunas 71
- focaccia con achicoria roja 99
- focaccia con cebolla 80
- focaccia con cebolla, anchoas y aceitunas negras 100
- focaccia con escarola 75
- focaccia con panceta y pecorino 92
- focaccia con pecorino y salvia 76
- focaccia con queso 91
- focaccia con stracchino 95
- focaccia de calabaza 96
- focaccia genovesa 67
- focaccia tricolor de verduras 79
- minifocaccia con feta 88
- minifocaccia con panceta 84

focaccia agli aromi verdi 72
focaccia al radicchio rosso 99
focaccia al rosmarino 68
focaccia alla formaggetta 91
focaccia alla pancetta e pecorino 92
focaccia alla scarola 75
focaccia allo stracchino 95
focaccia apulense 83
focaccia colorata 79
focaccia con olive 71
focaccia con pecorino e salvia 76
focaccia de achicoria roja 99
focaccia de calabaza 96
focaccia di cipolle 80
focaccia di Recco 87
focaccia di zucca 96
focaccia genovesa 67
focaccia genovese 67
focaccia pugliese 83
focaccine alla pancetta 84
focaccine con salsa di feta 88

H

harina 11

HINOJO
- tarta de hinojo 121
- tarta *tatin* de alcachofas 158

HUEVOS
- pizza rellena de jamón y huevo 53
- tarta de pascua 172

I

ingredientes 11

J

JAMÓN
- calzone relleno 57
- crostata salada 106
- pizza rellena de jamón y huevo 53
- tarta de calabacín, jamón y ricota 118
- tarta de puerros con jamón 138
- *véase también* panceta; jamón de Parma

JAMÓN DE PARMA
- pizza de jamón de Parma y mozzarella 38
- rollitos de espárragos 168
- tarta de verduras con jamón 150

L

levadura 11, 83

M

masa de pizza 8

MARISCO
- pizza marinera 45

MEJILLONES
- pizza cuatro estaciones 41
- pizza marinera 45

minicalzone 59
minipizzas fritas 26
moldes 12

P

PAN
- crostata de queso 122
- masa básica de pan 15
- tipos de 8-9

PANCETA
- focaccia con panceta y pecorino 92
- minifocaccias con panceta 84
- pizza de patata 30
- pizza de salchichas 37
- tarta salada 105

papel vegetal 12
pasta da pane 15

PATATAS
- pizza de patata 30

PESCADO
- focaccia con cebolla, anchoas y aceituna negras 100
- pizza rellena de bacalao 42
- tarta de salmón y puerro 149

PIMIENTOS
- crostata de pimientos 137
- strudel de ricota, pimiento y aceitunas 163
- tarta tatin de pimientos y cebolla 157

piscialandrea 100
pizza ai forcini e fiori di zucca farciti 46
pizza ai fruitti di mare 45
pizza ai quattro formaggi 33
pizza al prosciutto crudo con mozzarella 38
pizza alla salsiccia 37
pizza bianca 22
pizza blanca 22
pizza cuatro estaciones 41
pizza cuatro quesos 33
pizza di baccalà 42
pizza di ortaggi 49
pizza di patate 30
pizza di scarola 50
pizza genovesa 34
pizza genovese 34
pizza Margherita 21
pizza marinera 45
pizza montanara 53
pizza napoletana 19
pizza napolitana 19
pizza quattro stagioni 41

pizza rellena de bacalao 42
pizza rossa 25
pizza siciliana 29
pizzelle fritte 26
PUERROS
– tarta de puerros con jamón 138
– tarta de puerros y taleggio 145
– tarta de salmón y puerros 149

R

REMOLACHA
– tarta de Pascua 172
RICOTA
– calzone a la turca 63
– calzone relleno 57
– focaccia tricolor de verduras 79
– minicalzone 59
– strudel de alcachofas y calabacín 171
– strudel de ricota, pimiento y aceitunas 163
– tarta de acelgas y ricota 141
– tarta de calabacín, jamón y ricota 118
– tarta de pascua 72
– tarta de ricota, salvia y boniato 113
rollitos de espárragos 168
rustica allo speck 110

S

sal 11, 83
SALCHICHAS
– pizza de salchichas 37
– tarta al estilo de Treviso 129
SALVIA
– focaccia con pecorino y salvia 76
– tarta de ricota, salvia y boniato 113
schiacciata con broccolotti 117
SETAS
– pizza de boletos y flores de calabacín rellenas 46
– tarta de setas 154
– tartaletas de setas con queso 114
sfincione 29
sfogliata ai funghi 154
SPECK
– tarta rústica con speck 110
STRUDELS 9, 160-72
– rollitos de espárragos 168
– strudel de alcachofas y calabacín 171
– strudel de ricota, pimiento y aceitunas 163
– strudel de verduras 164
– strudel de zanahoria y calabacín 167
– tarta de Pascua 172

T

TARTAS SALADAS 8-9, 102-159
– tarta al estilo de Treviso 129
– tarta de acelgas y ricota 141
– tarta de achicoria y queso 133
– tarta de arroz al estilo de Liguria 153
– tarta de bresaola 146
– tarta de brócoli 117
– tarta de calabacín 126
– tarta de calabacín, jamón y ricota 118
– tarta de coliflor 134
– tarta de hinojo 121
– tarta de puerros con jamón 138
– tarta de puerros y taleggio 145
– tarta de queso a las hierbas 125
– tarta de ricota, salvia y boniato 113
– tarta de rúcula y taleggio 130
– tarta de salmón y puerro 149
– tarta de setas 15
– tarta de tomate a la mostaza 109
– tarta de verduras con jamón 150
– tarta de verduras y mozzarella 142
– tarta rústica con speck 110
– tarta salada 105
– tarta tatin de alcachofas 158
– tarta tatin de pimientos y cebolla 157
– tartaletas de setas con queso 114
TOMATES 21
– calzone relleno 57
– minipizzas fritas 26
– pizza de tomate 25
– pizza genovesa 34
– pizza margarita 21
– pizza marinera 45
– pizza napolitana 19
– tarta de tomate a la mostaza 109
torta al cavolfiore 134
torta alla rucola e Taleggio 130
torta alle erbe profumate 125
torta arrotolata con ricotta, peperoni e olive 163
torta arrotolata dell'orto 164
torta arrotolata di carciofi e zucchini 171
torta arrotolata di carote e zucchini 167
torta capovolta agrodolce di peperoni e cipolle 157
torta capovolta ai carciofi 158
torta con porri e Taleggio 145
torta con verdure miste e mozzarella 142
torta di bietoline e ricotta 141
torta di bresaola 146
torta di finocchi 121
torta di ricotta, salvia, e patata dolce 113
torta di riso Ligure 153
torta di verdure con prosciutto crudo 150
torta pasqualina 172
torta salata 105
torta salata con porri e prosciutto 138
torta salata di pomodori alla senape 109
tortini di funghi chiodini alla fontina 114

U

utensilios 12-13

V

VERDURAS
– focaccia tricolor de verduras 79
– pizza rellena de verduras 49
– strudel de verduras 164
– tarta de verduras con jamón 150
– tarta de verduras y mozzarella 142

Notas sobre las recetas

La mantequilla siempre es sin sal.

Los huevos y las frutas serán de tamaño mediano, salvo que se indique otra cosa.

La leche siempre es entera, a no ser que se indique otra cosa.

Los tiempos de preparación y cocción son orientativos pudiendo variar en función del horno. Si utiliza un horno de convección, siga las indicaciones del fabricante.

En algunas recetas se utilizan huevos crudos o poco hechos. Los niños, ancianos, mujeres embarazadas, enfermos o las personas con deficiencias del sistema inmunitario deberían evitar tomarlos.

Las cucharadas serán rasas.
1 cdta. = 5 ml; 1 cda. = 15 ml.

Phaidon Press Limited
Regent's Wharf
All Saints Street
Londres N1 9PA

Phaidon Press Inc.
65 Bleecker Street
Nueva York, NY 10014

www.phaidon.com

Primera edición en español 2015

ISBN: 978 07148 7087 8

Escuela de cocina italiana. Pizza surge de *Il cucchiaio d'argento estate*, publicado por primera vez en 2005; *Il cucchiaio d'argento cucina regionale*, publicado por primera vez en 2008; *Scuola di cucina Torte salate, pizze e focacce*, publicado por primera vez en 2013.

Directora editorial: Emilia Terragni
Editora de proyecto: Michelle Lo
Producción: Mandy Mackie
Diseño de Atlas

Traducido del inglés por Carme Franch y Elena Aranaz para Cillero & de Motta

Fotografías © Phaidon Press: Liz y Max Haarala Hamilton 6, 10, 23 ,24, 27, 31, 32, 35, 39, 47, 48, 52, 62, 69, 70, 73, 77, 81, 85, 90, 97, 98, 107, 112, 115, 117, 119, 123, 125, 128, 135, 40, 143, 147, 148, 151, 156, 159, 165, 166, 169, 173; Steven Joyce 130, 132; Edward Park 28, 36, 40; Andy Sewell 44, 121

Fotografías © Editoriale Domus S.p.A. y Cucchiaio d'Argento S.r.l.: Archivio Cucchiaio d'Argento S.r.l. 9, 13, 14, 18, 20, 43, 51, 56, 58, 61, 66, 74, 78, 82, 86, 89, 93, 94, 101, 104, 108, 111, 127, 136, 139, 144, 152, 155, 162, 170

Printed in Romania / Impreso en Rumanía

Los editores desean expresar su agradecimiento a Carmen Figini, Ellie Smith, Astrid Stavro, Nuria Cabrera, Katie Blinman, Laura Gladwin, Theresa Bebbington, Susan Spaull y Vanessa Bird por su colaboración en esta obra.